モノづくりで幸せになれる会社となれない会社

下請メーカー18社の転機

法政大学大学院教授
坂本光司、
アタックスグループ代表パートナー
林 公一［編著］

B&Tブックス
日刊工業新聞社

はじめに

近年、大手ブランドメーカーの製品を構成する部品の生産や、その部品の一部工程の加工を担当する、いわゆる下請企業・協力工場数が激減しています。下請企業・協力工場に関する明確な統計はありませんが、大半は下請企業・協力工場と類推される、従業員数29人以下の工場数の動向を「工業統計調査」（経済産業省）で見ると、その減少ぶりがわかります。

同調査によると、２０００年当時、わが国の従業員数が29人以下の工場数は54万でしたが、２０１０年には33万に激減しています。わずか10年間で約21万工場が消えたことになり、率に換算すると39％もの大幅な減少です。

単純計算すると、この10年間で、毎年約2万もの工場がわが国から消滅してしまったのです。この数は、わが国第5位の工場立地県である静岡県で操業するすべての工場が、毎年なくなったことに匹敵する規模だと言えば、よりわかりやすいでしょうか。

もとよりその最大の要因は、よく言われる長引く不況や、為替レートなど循環要因ではありません。

というのは、わが国の工場数は今からおよそ30年前の１９８３年当時の78万をピークに、

2010年には43万と、この30年間ほぼ一直線に減少し続けているからです。

では、なぜ好不況にかかわらずこれほど多くの工場、とりわけ下請企業・協力工場が減少しているかと言えば、それらを取り巻く経営環境がかつてとは根底的に変化し、従来通りの下請企業・協力工場という経営形態では、存続できない社会になってしまったからです。

つまり、今さえ我慢をしていれば、経営形態を変えずとも、仕事が向こうから舞い込んでくるという以前のような状況は、二度と再現されません。環境依存追随型・寄らば大樹の陰型経営の時代は、終焉してしまったのです。

わが国の下請企業・協力工場は今度こそ本気・本格的に、脱下請け・自立化経営にパラダイムチェンジすることが必要不可欠なのです。また、そうした変革なしに経営者も社員も、さらにはその家族も幸せになる方法を探すのは、困難だと言わざるを得ません。本書はこうした現実を踏まえ、わが国の下請企業・協力工場の今後の成長発展を願って出版しました。

本書は3章に分けて構成しています。まず第1章は、「なぜ脱下請けを目指さねばならないのか」と題し、近年の激減する下請企業・協力工場が持つ負の要因を6つの角度から述べました。そして第2章では、「脱下請けに成功した企業」と題し、脱下請けへと舵を切り、パラダイムシフトを成功させた、またはそれに向けチャレンジを続ける全国の18社を紹介しました。

とりわけ、チャレンジの理由と経過を詳しく述べました。そして、第3章「脱下請けへの脱皮・発展のために」では、下請企業・協力工場が脱下請け、自立化をするための方向や方策などについて、具体的に述べました。

なお、本書の執筆は坂本光司が顧問を務める「アタックスグループ」（名古屋・東京・大阪・静岡）の代表パートナーの一人である林公一氏をはじめ、そのスタッフ（公認会計士・税理士・中小企業診断士・社会保険労務士・経営コンサルタント）と法政大学大学院政策創造研究科坂本研究室に所属する社会人学生や修了生（経営者・公認会計士・税理士・社会保険労務士・経営コンサルタントなど）が分担して行い、全体調整は林と坂本が行いました。

いつものこととはいえ、今回もまた多くの関係者の並々ならぬ支援とご協力をいただきました。とりわけ、事例に取り上げさせていただいた18社の企業の社長様ほか担当者の方には、長時間に及ぶ取材のみならず資料の提供などで、大変お世話になりました。この場を借りて厚くお礼申し上げます。

また、本書の出版を快く引き受けてくれた日刊工業新聞社の書籍編集部の矢島俊克氏をはじめスタッフの方々には、本書の内容や構成などで多大なアドバイスや貴重なサジェスションをいただきました。関係者の方々には、この場を借り厚くお礼申し上げます。

本書が、脱下請け・自立化を考えているモノづくり企業の関係者や、それを促進支援する関係者の方々にとって少しでも参考になれば幸いです。

なお、本書は本来ならば2年半前に出版する予定で原稿を書き始めましたが、諸般の事情で大幅に遅れてしまいました。そのようなこともあり、本書の内容では各社のここ最近の動向について、基本データを除き触れておりませんことを申し添えます。

最後に、モノづくり産業の国際分業の加速・拡大と、わが国企業の起業家精神の低下がもたらした「空洞化」をしのぐような、脱下請け・自立型中小企業が全国各地に増大し、わが国が再び活力に満ち満ちた社会になることを切に願ってペンを置きます。

平成27年4月

編著者　法政大学大学院政策創造研究科教授　坂本光司
アタックスグループ代表パートナー（公認会計士）　林　公一

モノづくりで幸せになれる会社となれない会社
下請メーカー18社の転機

目　次

[4] 新市場・新製品で脱下請け化を実現した企業

第3章 脱下請けへの脱皮・発展のために

第1章

なぜ脱下請けを目指さねばならないのか

1 激減する下請企業

わが国の経済の強さの根源とされてきた製造業の衰退が、近年著しく進行しています。このことは、わが国の製造業の実態と動向を網羅的に記す「工業統計調査」（経済産業省）が如実に示しており、正直なところ衝撃的です。

1990年の調査では、わが国には約72万9000の工場が存在していましたが、20年後の2010年には、その数字は約43万5000にまで減少しています。つまり、このわずか20年間で、約30万もの工場が消え、それは率にして40％もの大幅な減少なのです。

ちなみに2010年の調査で、わが国で最も工場数が多い県は大阪府の4万1000、次いで東京都の3万9000、以下、愛知県の3万5000、埼玉県の2万6000、そして静岡県の1万9000と続き、これら上位5県で約16万を数えます。その意味では、このわずか20年間で、この5県の工場数のすべてどころか、その2倍もの工場が、日本列島から消滅した計算になります。

より驚かされるのは、工場数が好不況のたびに増減を繰り返しながら減少しているのではなく、1983年の約78万をピークに、このおよそ30年の間にほぼ一貫して、まさに右肩下がりに減少している点です。

つまり、近年のわが国の工場数の激減は、好不況などによる一時的・一過性的な問題ではなく、明らかに、わが国の経済社会の構造的な変化・問題により発生している現象と見るべきなのです。

こうした工場数の激減が、単に工場数だけの問題であるならば、それほど目くじらを立てることではないかもしれません。というのは、企業の使命と責任を果たしていくためには、年々激化する国際的な企業間競争の中で、工場の再編・再配置をしていくことは好不況を問わず、常に戦略的に行わなければならないからです。

つまり、工場数の減少の問題は数の問題ではなく、より重要なことは、その再編・再配置戦略が国内で新たな雇用を創出したのか、トータルでその企業の雇用を増加させたか否かにかかってくるのです。

しかし、この面でも、わが国の製造業の活力は著しく低下してきていると言わざるを得ません。事実、1990年当時、わが国の全工場で働く従業員数は約1179万人を数えていましたが、2010年調査では約809万人となっています。つまりこの20年間で、約370万人、率にして31％もの工場従業員が姿を消したことになります。

ちなみに、わが国の産業の全従業者数の動向を見ると、１９９０年当時が約６２４９万人、そして２０１０年調査では約６２９８万人と、この20年間ではほとんど変化がなかったことがわかります。その意味では、いかに近年、工場から雇用の流出が加速・拡大していったかがよくわかります。

こうした傾向は、工場の生産額を示す「製造品出荷額等」の面でも同様です。１９９０年当時、わが国の全工場の製造品出荷額等は約３２７兆円でしたが、２０１０年調査では約２９１兆円と、この20年間で36兆円、率にして11％も激減しているのです。

この減少額は、わが国製造品出荷額等の13％を占め、わが国最大のモノづくり県である愛知県の製造品出荷額等の38兆円に匹敵する巨大な金額なのです。

このおよそ20年間、わが国の製造業は価格でも、その他の面でも国際競争力を維持強化するために、新商品開発・新製造技術開発や大幅なコストダウンなどに必死に取り組んで来ました。しかし残念なことに、わが国の工業全体の雇用や生産額の維持拡大を実現するような、新たな価値創造はできなかったと言えます。

近年のわが国の工場の衰退傾向は、従業員規模を問わず、あらゆる規模で進行しているのが特徴的です。その中でも、近年とりわけ減少が顕著なのは、従業員数「1人から3人規模」や従業員数「4人から9人規模」の、いわゆる加工型・単品型・専属型の中小工場です。

前述した工業統計調査で、従業員数「1人から3人規模」の動向を見ると、1990年当時に29万だった工場数は、2010年調査では21万となっており、この20年間で8万、率にして28％もの減少なのです。

より深刻なのは、従業員数「4人から9人規模」の工場です。この規模は1990年当時の24万が2010年調査では10万と、この間なんと14万、率にして59％もの大幅な減少を記録しています。

周知のように、従業員数「1人から9人規模」の工場の大半は、製品メーカーや部品メーカーというよりは、加工業つまり発注者から図面を貸与され、その図面に基づいて部分加工や部品・ユニットの組立加工などを行う、典型的な下請企業・協力工場です。別の言葉で言えば、わが国を代表する大手ブランド企業や大手組立型企業の底辺を支える基盤産業です。

戦後のわが国の製造業の成長と発展は、この層の厚さと貢献とが、その根源であったと言っても過言ではありません。そればかりか、これらの層は、次代のわが国のリーディング企業の苗床的産業群とも言えます。

加えて、近年の工場数の激減で一段と深刻なのが、従業員数「10人から19人規模」や従業員数「20人から99人規模」の工場の大幅な減少問題です。というのは、この規模の工場は、わが国の大手企業と前述した従業員数「9人規模以下」の工場との、インターフェイス的な機能を果たす、要の下請企業・協力工場だからです。さらに言えば、この層は、わが国の大手組立型企業を頂点とするピラミッド型生産組織の、中核的下請企業群・協力工場群なのです。

従業員数「10人から19人規模」は、この20年間で数にして3万2000、率にして37%の減少であり、また従業員数「20人から99人規模」は同3万3000、率にして前者同様37%の減少です。その大半は自社商品メーカーではなく、下請企業・協力工場なのです。

こうした近年のわが国の工場数の、これほどまでの大幅な減少という実態を見ると、このままでは近い将来、わが国の製造業の強さの根源と言われてきた、わが国独特の生産組織は崩壊する恐れがあるばかりか、モノづくりの国際競争力の喪失をもたらす危険性を孕んでいると言えます。

さらに言えば、こうした下請企業・協力工場の大幅な減少は、かつては繊維製品や木製品、さらには生活雑貨用品などいわゆる軽工業分野に限られていましたが、近年ではわが国の中核的モノづくり産業である自動車や電気・電子、一般機械、さらには精密機械分野や、機械工業にまで拡大してきているのです。

事実、1990年当時、15万5000だった機械工業系工場数は、2010年調査では

10万3000となっています。つまり、この間の減少は工場数で5万2000、率では34%です。

ちなみに、この間の、軽工業分野の工場数の減少率は45%であり、近年のわが国の下請企業・協力工場の大幅な減少は、軽工業であれ機械工業であれ、あるいは国際的に優位産業であれ劣位産業であれ、すべての産業で例外なく進行していると言えます。

ところで、下請企業・協力工場というとかつて大都市圏では減少し、一方、地方圏では増加するという構図でした。これは大都市圏に立地・集積している巨大な組立型工場が、主として価格面や生産環境面からの国際的比較優位化を図るため、最適生産基地を求め、国内では地方圏に工場を移転したり、新設・増設をしてきたりしたからです。

加えて言えば、組立型の大規模工場が大都市圏の巨大な工場を縮小あるいは閉鎖し、地方に移転・増設すれば、それまでその巨大な工場の周辺に立地していた下請企業・協力工場は当然のこととして、ビジネスチャンスが縮小することになります。

このため、地方圏に移転した巨大な工場を追いかけて、大都市圏の下請企業・協力工場も、まるでゲルマン民族の大移動のように地方圏に移転したのです。一方、大企業が移転・新設した地域においては、起業家精神旺盛な人々による工場の起業が活発化しました。

しかし、この20年間で見ると、この間に工場数や従業員数を増加させた都道府県は1つもないのです。47都道府県例外なく、程度の差こそあれ、工場数も従業員数も減少しているのです。

こうした現実を直視すると、近年のわが国の工場数やそこで働く従業員数の大幅な減少は、単に景気や国内生産だけの問題、さらには工業分野だけの問題ではないことは明らかです。下請企業・協力工場の生き残り面から言えば、下請企業からの脱皮（「脱下請企業」）と、指示されたことをその通りにやるだけのモノづくりから、独自の技術開発が可能な企業への転身（「さらば下請企業」）することは、今や待ったなしと言えます。

2 下請企業・協力工場激減の要因

どんな問題でもそうですが、変化や変化から発生する問題を復元性から見た場合、2つの種類があります。1つは一時的・一過性的変化・問題であり、もう1つは構造的変化・問題です。

前者は、景気や自然現象あるいは国の政策などの変化により、一時的・一過性的にもたらされる変化・問題であり、後者はイノベーションの進行や経済社会のボーダレス化・グローバル化、さらにはソフト化・サービス化、加えて言えば少子高齢化などによりもたらされる変化・問題です。

この2つの変化・問題は、起こる現象がよく似ているために、その傾向を読み間違えたり、その結果、間違った対策を講じてしまうことが多々あります。つまり、構造的変化・問題に対して一時的・一過性的対策を講じたり、逆に一時的・一過性的変化・問題に対して構造的対策を講じてしまうのです。

この2つの変化・問題の本質を的確に読み取り、間違いのない対策を講じていくためには、今起きている状況を「5つの眼」で見ることが必要です。

その眼とは、1つ目は「主観ではなく客観」、2つ目は「日本観ではなく世界観」、3つ目は「短観ではなく歴史観」、4つ目は「現象観ではなく本質観、原理・原則観」、そして5つ目は「机上観ではなく現場観」です。

この5つの眼を持って今起きている変化・問題と、これから起きるであろう変化・問題を読み解くと、それが一時的変化・問題なのか、そうではなく構造的変化・問題なのかを区別することはそう難しいことではありません。

ともあれ、この5つの眼を持って、これまで解説してきた下請企業・協力工場の激減という現実を評価・分析すれば、その大半の問題は一時的・一過性的な変化・問題ではなく、構造的な変化・問題と見るのが妥当です。

問題の所在が、二度と元に戻らない構造的な変化にあるならば、変わるべき・変えるべきは外部環境ではありません。自社・自分の生き方や経営の考え方・進め方をこそ、構造的変化に合わせて変化・変貌させるべきと言えます。

このことは、ダーウィンが進化論で述べた言葉が証明してくれています。「生き残った生物は、どんな時代でも強いものでも、大きなものでもない。時代変化に適応したものである」と。

以下では、近年の下請企業・協力工場の激減の構造的要因を6つの視点から述べるとともに、なぜ脱下請けが強く求められているかについて解説します。

(1)国際分業の拡大

わが国の下請企業・協力工場数が近年激減する第1の要因は、わが国の経済社会のボーダレス化・グローバル化の進行・拡大にあります。つまり、国内で本格的な新産業が創出されない中での国際分業の拡大は、当然のことですが、国内の工場とりわけ下請企業・協力工場の存在価値を下落させることになるからです。

周知のように、かつてのわが国の経済・企業の国際化は、「輸出型」「加工貿易型」「ノックダウン型」「生産型」などでした。こうした国際化は生産の大部分の機能が国内に温存されるので、下請企業・協力工場の数や従業員数を増加させることはあっても、減少させるようなことはありませんでした。

事実、今から約50年前の1960年当時、わが国の工場数は48万7000でしたが、その30年後の1990年には72万9000にまで増大しているのです。そしてこの間に工場従業者数は、817万人から1179万人へと360万人も増加しています。

しかし、近年の国際化は、国内の工場数や国内の工場従業者数の増加ではなく、減少をもたらしました。それはまさに分業の国際化であり、その内容も「海外現地生産型」「海外現地調達型」「製品輸入型」「第三国輸出基地型」さらには「海外一貫生産型」など、モノづくりの一貫した海外展開に変わってきたのです。

こうした国際分業の拡大は当然のことです。というのは、わが国の組立型企業が勝ち残るためには、世界的な企業間競争の激化の中で、世界最適生産・世界最適調達を戦略的に進める必要があるからです。そうでなければ、国際的比較劣位企業として淘汰されてしまいます。そしてこうした動きの背景には、中国をはじめとしたアジアの国々や地域の企業が急速に技術力や経営力を向上させてきたことを忘れるわけにはいけません。

これらのことは、わが国の代表的製品の、近年における生産動向を見ればよくわかります。たとえば、自動車の国内生産台数は1990年当時1350万台でしたが、2011年調査では840万台に激減しています。一方、わが国の自動車メーカーの海外生産台数を見ると、1990年当時327万台であったものが、2011年調査では1338万台と実に4倍に激増しているのです。この結果、わが国自動車産業の台数ベースでの海外生産比率は、1990年当時に20％であったものが、2011年では61％にまで高まっているのです。

このことは、家電業界においても同様です。たとえば、エアコンの国内生産台数は1990年当時781万台でしたが、2011年調査では531万台となっています。一方、輸出台数は、1990年当時231万台であったものが、2011年調査では16万台に激減しています。

　また、わが国の家電メーカーによる電気洗濯機の海外生産台数は、1990年当時で82万台、電気冷蔵庫は225万台でしたが、2011年調査では電気洗濯機は1263万台、電気冷蔵庫は1061万台に激増し、国内生産台数のそれぞれ201万台、229万台を大きく上回っているのです。

　さらに言えば、2011年当時、パソコンは世界で3億2518万台生産されましたが、そのうち中国での生産台数は3億1854万台、一方わが国の生産台数は484万台に過ぎませんでした。2000年当時、パソコンの国内生産台数は、約1000万台ありましたが、その後年々減少し、とうとうピーク比で半減してしまいました。

　一方、中国は、1995年当時はわずか123万台であったものが、2000年には2467万台とわが国を逆転し、今やわが国生産台数の実に66倍の生産規模を誇る国にまで成長発展しています。

　近年の国際分業拡大の影響は、こうした国内からの輸出が「海外現地生産」や「海外生産・第三国輸出」に取って代わられることだけではありません。かつての「原材料輸入」から「製品輸入」へと、とりわけ海外の日本企業で生産したものを日本に輸入するという、製品の逆輸入が加速・拡大していることです。

たとえば、前述したエアコンの2011年の国内生産台数は531万台に対し、輸入台数は609万台、電気冷蔵庫は国内生産台数が201万台に対し、輸入台数は300万台です。また電気洗濯機は国内生産台数が229万台に対し、輸入台数は421万台です。

加えて言えば、液晶テレビの国内生産台数は768万台に対し、輸入台数は1675万台、オートバイの国内生産台数は64万台に対し、輸入台数は39万台などという具合です。

つまり、かつてのわが国の代表的輸出型商品の大半は、海外現地生産に取って代わられているばかりか、その国内マーケットも、今やわが国の海外生産工場からの輸入品となっているのです。

近年、主として地方圏の自治体は、地域の雇用効果や税収効果を高めるため、主として大都市圏に立地集積している大手企業とりわけ組立型大企業に対し、考えられるありとあらゆる助成策を講じて企業誘致に努力してきました。しかし、用意した大半の工場用地はいまだに売れ残ったままです。

それもそのはず、わが国の工場（敷地面積1000㎡以上）の新規立地は、1990年当時、年間約4000件を数えましたが、2010年調査では800件を下回ってしまっているのです。そしてその最大の要因は、経済社会のボーダレス化・グローバル化の進行にあります。

こうした経済社会のボーダレス化・グローバル化は、雇用問題にも大きな影響をもたらしています。１９９０年当時の完全失業者数は１３４万人でしたが、２０１０年調査では３３４万に増加しています。もとよりこうした現象も、単に好不況など問題ではありません。

というのは、わが国海外現地法人の総従業員数を見ると、１９９０年当時の１１３万人が、２０１０年調査では３９７万人、２０１３年調査でも減少したとはいえ、２６５万人です。つまり世界的規模で見ると、わが国の企業は総雇用を増加させているのです。

⑵市場の物的成熟化・ソフト化・サービス化

わが国の下請企業・協力工場数が激減する第2の要因は、長引く不況や円高・円安などの問題ではなく、わが国の経済社会の物的成熟化、別の言葉で言えば経済社会のソフト化・サービス化の進行と見るのが妥当です。

もっとはっきり言えば、これまでわが国の経済を牽引してきた自動車をはじめとした耐久消費財が、今やことごとく市場に浸透して満たされ、それに代わり得る購買意欲を刺激する新商品が誕生しないことが原因です。

不況による買い控えから消費が回復しないのではなく、市場が満たされてしまったがゆえに、今は消費者が買いたいモノが見つからない、モノが飽和状態の社会なのです。

たとえば、テレビの一世帯当たりの保有台数は、今や2・4台です。また、乗用車の保有台数は1・4台、パソコンは1・2台、エアコンは2・6台を数えるまでに普及しています。一世帯当たりの構成人数が2・4人であることを考えると、いかにこれらの商品市場が成熟してしまっているかがわかります。

このことは、住宅産業を見ても同様です。過去60年以上一貫して増加してきたわが国の住宅数は、現在約5800万戸を数えています。一方、住宅を必要とする世帯の数は、総世帯で見ても5000万世帯程度なのです。

かつて、わが国の年間新設住宅着工件数は170万件を数えたこともありますが、近年では80〜90万件前後にまで落ち込んでいます。半減化してしまった理由が、不況にあるなどとは到底思えません。加えて、住宅や自動車などの消費を増加させるはずのわが国人口は、少子高齢化の影響で2035年には1億1168万人と、現在より約1700万人も減少すると推計されています。

こうした市場の極度の物的成熟化と人口の高齢化は、人々の関心を次第に「モノ」ではなく、ソフトやサービスなどの「コト」に向けることになります。つまり、物的に満たされ、消費することに成熟した消費者は、その消費の矛先を、物欲を満たす耐久消費財ではなく、より高次の欲求である五感を刺激するような消費財や、より自分らしさを追求できるような物事へと向けるからです。

そして、好むと好まざるとにかかわらず心身の自由が利かなくなったり、年金暮らしを余儀なくされたりする高齢者は、必要のないものに多額の出費をするとは考えられません。

こうした時代変化を踏まえれば、わが国の製造業、とりわけ下請企業・協力工場が激減するのはいわば当然のことなのです。

(3)開業の減少と廃業の増大

わが国の下請企業・協力工場が激減する第3の要因は、これら企業・工場の開業の減少と、廃業の増大にあります。景気期待型企業や景気依存型企業が指摘する、「下請企業・協力工場の激減は、長引く不況による倒産の多発が最大原因…」というのは、事実認識を著しく欠いた説明です。

というのは、企業の倒産件数は全業種で見ても過去10年間、およそ1万3000社前後で推移しており、2008年以降はむしろ減少傾向にあるからです。このことは製造業でも同様で、2001年の3670社をピークに、近年では2000社前後で推移しています。

前述したように、わが国の工場数は2000年の59万から2010年には43万へと、このわずか10年間に約15万5000工場も減少しており、この間の年間減少数は、単純平均ですが

1万5600です。

もとより工業統計調査における工場数は、本社工場だけでなく出先の一工場も含みますので単純比較はできませんが、それでも倒産の多発がわが国の下請企業・協力工場数の激減をもたらしているのではないことが明らかにわかります。

つまり、近年のわが国の下請企業・協力工場数の激減は、開業企業の決定的な不足と、廃業企業の多発によりもたらされていることは明白です。事実、わが国製造業の開廃業率の推移を見ると、今からおよそ30年前の1981年当時までは、開業率は年平均6・0%から3・5%前後で推移していました。一方、廃業率はこの時期までおよそ年平均3%前後でした。つまり、開業率が廃業率を常に上回った状態が続いていたわけです。

ところが、1981年から1986年にかけて、開廃業率はともに年平均3・1%と同率になり、その後は、今日まで一貫して廃業率が開業率を上回った状態が続いているのです。ちなみに、2006年から2009年の間の開業率は、年平均1・2%にまで低下し、一方廃業率は5・8%にまで高まっています。欧米先進国の開業率が、依然としておおむね10%で推移していることを踏まえると、いかにわが国の開業率が低く、一方廃業率が高いかがよくわかります。

ちなみに、近年におけるわが国の製造業の開業不足と廃業の増大の大きな要因は、若者・中高年齢者を問わず、モノづくり産業に従事している人々の起業家精神の希薄さ、慢性的な後継者不足、先行きの見えない不安感などが根底にあり、まだ余裕のあるうちに廃業しようと考える関係者の胸の内も透けて見えます。加えて言えば、その魅力を効果的にアピールできないモノづくり産業への関心が、若者を中心に薄れてきているのです。

もとよりその背景は、前述したように経済社会の物的成熟化やボーダレス化・グローバル化の進行、さらにはモノづくり産業の生産戦略や調達戦略の根本的見直しなどもあり、その開業環境が年々厳しくなっていることは事実でしょう。

⑷生産取引の変化

わが国の下請企業・協力工場が激減する要因の第4は、下請企業・協力工場の生存基盤である発注企業、とりわけ大手組立型企業や大手部品メーカーが、「資材・購買・外注」とも言われる外部企業との取引戦略を、大きく変化・変貌させてきていることが挙げられます。

かつての「クローズド分業型」「ピラミッド分業型」「工程分業型」そして「地域内・国内分業型」など取引形態から、「オープン分業型」「ネットワーク分業型」「部品・ユニット分業型」そして「広域・国際分業（調達）型」などの取引形態へと、その内容が大きく変わってしまったのです。

それぞれを対比しつつ若干補足すると、「クローズド分業型」とは、これまで永らく生産取引に協力してきた下請企業・協力工場を協力会などとして組織化し、そこから優先的に調達する取引です。一方、「オープン分業型」とは、取引歴や人的・資本的な関係にかかわらず、優秀な下請企業・協力工場から調達するものです。

「ピラミッド型分業」とは、協力工場・下請企業を第1次下請け、第2次下請け、第3次下請けと、規模や協力度などに応じてグループ分けし、上位を優先する取引です。一方、「ネットワーク分業型」とは、1次であれ2次であれ、あるいは他社の下請けであれ、さらには異業種からの新規参入であれ、優秀な下請企業・協力工場と積極的に取引をしていこうとするものです。

また「工程分業型」とは、プレス加工・切削加工のみなど単加工や、プレス加工の後に溶接加工をしたり、切削加工後に穴あけ加工をしたりするなど一般的に加工度が低い取引です。

一方、「部品・ユニット分業型」とは、単加工や複合加工の取引では取引先が多く分散してしまい、その管理コストが高くなる弊害をなくすために、部品単位・部品の集合体であるユニット単位までまとめて納品してもらう取引です。単加工や複合加工の取引では、その都度入出庫の繰り返しとなり、品質や納期へ過度な負荷がかかる傾向にあります。そのムダ・ムラ・ムリも、この方法で解消・低減することができます。

「地域内・国内分業型」とは、取引先の立地している範囲を、発注者が立地している地域周辺や国内を優先した取引であり、「広域・国際分業（調達）型」とは、取引の範囲を制限せず、国内のみならず世界に拡大していくものです。事実、近年わが国製造業の製品や部品の海外からの輸入は、為替レートの変動にほとんど関係なく増加しています。

たとえば、わが国の自動車メーカーの調達部品に占める輸入部品の割合は年々増加し、今やメーカーによっては2割から3割程度まで高まってきています。技術集約型モノづくり産業の代表格である金型ですら、今や国内マーケットの約30％は輸入金型が占めています。

一方、海外に進出したわが国の製造業の現地調達率も年々高まり、国により異なるとはいえ、おおむね80～90％以上になっています。今や部品を輸出して海外で組み立てる「ノックダウン生産」という言葉は、死語になりつつあります。

こうした経済社会のボーダレス化・グローバル化の中で進行する取引形態の変革は、わが国の下請企業・協力工場を直撃し、それに対応できた下請企業・協力工場と、そうでない企業との格差をますます拡大させていくのは当然と言えます。

(5)部品の共通化・共有化・一体化の進行

わが国の下請企業・協力工場が激減している第5の要因は、製品を構成する部品やユニットの共通化・共有化・一体化が年々著しく進行しているからです。たとえば自動車では、車種により使用する車台（基本構造）や部品はかつては大きく異なっていましたが、近年では多くの車台や部品が共通化・共有化されています。過去およそ10年間で、その車台の種類を半減化した自動車メーカーもありますし、これからさらに半減化を目標に動き出した自動車メーカーもあります。

また電気・電子メーカーも同様で、消費の多様化・個性化の時代の中、これまで限りなく商品アイテムを増加させてきた結果、それを構成する部品の種類も限りなく増大してしまいました。そこで、大手メーカーは、商品アイテムはこれまでと同様に増加させつつ、それを構成する部品の種類は共通化・共有化を進め、その価格競争力・納期競争力を高めようとしているのです。

自動車メーカーであるホンダの発表によれば、乗用車「シビック」と「アコード」の部品共通化率は現在10％にも満たないそうですが、将来、それを金額ベースで4割から5割にするとしています。またソニーは、かつての生産・調達部品点数は84万点を数えていましたが、数年前から10万点を目標に部品の共通化・共有化に取り組み、大幅なコストダウンを図っています。

各メーカーは部品の開発コストや生産コストを大幅に下げるため、一方では下請企業・協力工場は受注の確保を目的に、生産・製法イノベーションに本気かつ本格的に取り組み始めています。

とりわけ顕著なのが、切削部品のプレス化や鍛造化、さらには金属部品の樹脂化などにより、複数あるいは多数の部品や工程を一体化するなどの動きです。これにより、部品点数や工程数の大幅な削減によるコストダウンはもとより、製品の軽薄短小化も可能になるからです。

しかし、こうした生産・製法イノベーションの進行は、全面的にいいことばかりではありません。というのは、そこに新たなビジネスチャンスが生まれる一方で、一体化された部品や工程を担当している下請企業・協力工場のビジネスチャンスは、逆に少なくなってしまうからです。

⑹大手メーカー同士の戦略的連携の活発化

わが国の下請企業・協力工場が激減する第6の要因は、大手メーカーの生産戦略の変化です。自動車メーカーであれ電気・電子機器メーカーであれ、わが国の大手メーカーは過去数十年間、勝つか負けるかの激烈な競争を同業者間で繰り広げてきました。

しかし近年では、これがかつてライバルとして激烈な競争をしてきた企業同士なのかと思うほど、大手メーカー間の連携が活発化してきています。しかもその連携の内容も、単に技術連携や販売連携などのレベルではなく、より高次の生産連携・開発連携、さらには経営統合にまで踏み込んでいるのです。

例で言うと、「スズキ×日産」の生産連携による相互ＯＥＭ生産、「日産×三菱」が連携した自動車共同生産工場、「東芝×三菱」「日立×三菱」の事業部による経営統合、「ＮＥＣ×パナソニック」の開発連携による新たな携帯電話の開発などがあります。

世界的な企業間競争が激化する中、今や大手メーカーといえども一社の保有する経営資源だけでは、世界の大手企業と伍して競争していくことが難しくなってきているのです。

こうした動きは当然、わが国の下請企業・協力工場のトータルのビジネスチャンスを減少させるばかりか、協力工場・下請企業数そのものを減少させていくことになります。発注者同士の合併後に、それぞれの協力工場・下請企業が発注量を半分ずつ分け合うことなど到底考えられないからです。

3 求められる脱下請企業

こうした現実を踏まえれば、好むと好まざるとにかかわらず、下請企業・協力工場の脱下請け化・自立化が必要不可欠であることは当然と思われます。前述したような6つの変化に、戦略的に対応しない、できない従前タイプの下請企業・協力工場は、今後ますます安定的な価値ある発注は減少していくことでしょう。

つまり、「松明（たいまつ）は自分の手で」（ホンダCEO藤沢武夫氏の言葉）ではありませんが、自分の城は自分で守らなければならない時代に、日本は変わってしまったのです。

すでに見てきたように、近年わが国の協力工場・下請企業に発生している受注量不足や不安定な受注量の問題、そして厳しい受注単価の問題は、単に景気や為替レートが与えた一時的・一過性的問題ではありません。主として、前述した6つの変化により発生している構造的問題なのです。

繰り返し述べますが、一時的・一過性的変化から発生した問題であれば、その変化・問題は、いつの日か程度の差こそあれ元に戻ります。しかし、企業の拠って立つ基盤が根底から変わってしまった結果、発生する構造的問題においては、それが新しい現実の姿であり、決して幸せだった過去には戻らないのです。つまりこの場合、変わるべき・変えるべきは、自社の経営の考え方・進め方なのです。

その方向をあえて言えば、取引先依存追随経営や価格競争型経営、あるいは国際的比較劣位経営ではなく、独自技術・独自商品・独自のビジネスモデルを創造確保し、環境に依存しない自立化・自活化した経営を進めることしかないのです。

また、下請企業・協力工場の脱下請企業化が強く求められている背景は、前述した6つの要因だけではありません。もう1つの背景に、社員や学生の求職ニーズ・就業ニーズが近年大きく変わってきていることが挙げられます。そのため、こうした新しい求職ニーズ・就業ニーズにマッチした経営をしなければ、人財の入職が不足するばかりか、社員の離職が増大する恐れがあるのです。さらに言えば、脱下請け・自立化を果たさなければ、近い将来、社員とその家族を幸せにできなくなる恐れがあります。

時代は大きく変わり、今や多くの社員や就職希望の学生は、自力で社会に貢献できる仕事をしたいと思っています。しかも、その動きは年々顕著になってきています。企業のブランドや規模、賃金、福利厚生施設などではなく、その事業内容や社会性に、より多くの関心を持っているのです。こうした時代には、価格競争に明け暮れている大したセールスポイントのない下請企業・協力工場では、若者たちは働く意味を十分見出せないのです。

さらに言えば、国際的な企業間競争が激化する中、今後、下請企業・協力工場に発注される単価はますます低下していくことが予想されます。単なる下請企業・協力工場では、社員が幸せを実感する原資である給料すら、まともな額を支払えなくなる可能性は限りなく高いでしょう。

ちなみに、わが国の工場で働く従業員の規模別の「現金給与額等」を工業統計表（2010年）で見ると、これが同じわが国の工場で働く人々なのか、と愕然とするほどの格差があることがわかります。

たとえば従業員数「4人から9人」規模の工場で働く従業員の給与は年間276万円、従業員数「10人から19人」規模は年間318万円に対し、従業員数「300人から999人」規模は年間506万円、そして「1000人以上」規模は年間655万円なのです。

こうした格差が開くのは生産性の違いもありますが、下請企業・協力工場に対しては、発注者が社内生産よりもはるかに低単価発注をしていることも原因の1つです。もとよりそうしなければ、世界的な企業間競争に勝てないためという発注者の言い分もあります。

「自社は下請企業・協力工場だから、社員の給料は発注者と比較して低くて当然」という下請企業・協力工場経営者の考え方は、間違っていると思います。しかし、単なる下請企業・協力工場、価格競争力を唯一の武器にした下請企業・協力工場であれば、これが現実なのです。

つまり社員とその家族を幸せにしたいと思うならば、脱下請け・自立化を志向することは急務です。そのための意欲と努力を怠れば、近い将来、回復しない受注不足と進む低単価発注により、哀しい幕切れを迎えることになると思います。

脱下請け・自立化とは、何も自社商品の100%保有のことだけを言っているわけではありません。自社商品をあわせて保有する兼業型の企業1社への依存度を限りなく下げ、独立独歩の経営をすることや、発注者が企画する製品の開発や設計から参画して、「承認図メーカー」となる道もあるのです。

そこで第2章では、全国各地の脱下請け・自立化経営を実践する18社を取り上げ、脱下請け・自立化経営を敢行するに至ったそのきっかけや経過、自社商品の内容や商品が完成するまでの苦心談などについて順次紹介します。

第2章

脱下請けに成功した企業

今、時代は大きく変化しています。大企業も生き残りをかけて、グローバル化社会の中で戦っています。他人のことを気にかけている余裕などはありません。中堅・中小企業もその生存を賭けて、独自のやり方で生きる方法を見つけていくしかありません。そこで私たちは、脱下請けに成功した全国の中堅・中小企業を取材し、その成功の要因は何かを考えてみました。

まずは、アンゾフの提唱した製品市場マトリックスの考え方を活用しながら、取材した企業を以下の4分類にまとめてみました。

①既存市場・既存製品で脱下請け化を実現　②既存市場・新製品で脱下請け化を実現

③新市場・既存製品で脱下請け化を実現　④新市場・新製品で脱下請け化を実現した企業

脱下請け化をするといっても、その方法は千差万別です。既存製品を既存市場で、既存のビジネスの商流ややり方を変えることで脱下請け化を実現した会社もあります。まったく逆に、新しい市場に新しい製品で参入し、脱下請け化を実現した会社もあります。そして、これらの中間の戦略、すなわち新製品を既存の市場で販売していくか、既存製品を新市場で販売するかで成功した会社もあります。

各社の置かれた状況はそれぞれ異なります。それゆえ、できるだけ多くの事例を取り入れました。各事例の中では、会社の脱下請けを目指した理由、それを実現するために検討したプロセス、脱下請け化で苦労したり挫折したりした点をまとめました。

【1】既存市場・既存製品で脱下請け化を実現した企業①

世界で4社しかできない超精密プレス部品をつくる

大垣精工㈱
（超精密金型の設計・製造・販売／岐阜県大垣市）

大垣精工㈱は、超精密金型の設計・製造・販売を行う企業ですが、関連企業にその金型を使った超精密プレス部品を製造する㈱セイコーハイテックがあります。両社は表裏一体の企業ですが、あえて分社しています。それは、それぞれ別会社にすることで売り買いという「商い」の関係が生じ、両社に適度の緊張感が生まれるからです。加えて言えば、分離することにより、それぞれの分野を気兼ねなく深堀することができるからです。

同社の創業は1968年で、現代表取締役社長の上田勝弘氏が、勤務していた職場の仲間7人と独立し、それまで培った金属加工技術を活かした電子部品の金型生産を主要事業としてスタートしています。現在では、従業員が200人を超える規模の、全国でも有数の金型メーカーにまで成長発展しています。

大垣精工の主製品は、各種電気・電子機器用精密順送金型・超硬順送型・医療用機器・積層コア・ファインブランキング金型およびニューセラミック金型の設計製作などです。そしてセイコーハイテックでは、ハードディスク用精密プレス部品・自動車用精密プレス部品、そして、電子機器用超精密プレス部品などの製造を行っています。

製造拠点は、国内は岐阜県大垣市、長崎県、沖縄県、海外は韓国と中国にあり、両社とも合同出資による合弁会社です。

創業者である現社長の上田氏の経歴はとてもユニークです。大学卒業後、縁あって大垣市内の大手電機メーカー向けの金属加工を行う企業に就職しました。その会社は電話交換機の精密金型とプレス加工を専門としていました。

上田社長は法学部出身の事務系の職場にいましたが、現場に興味を持ち、入社1年後には自ら志願して、金型加工の現場勤務となりました。そして、社員の声を経営に反映させることを目的に仲間と労働組合を結成し、執行委員長を務めました。上田氏は6年半ほどその企業に勤務しましたが、社員としての限界を感じ独立を決意したのです。

❖ 異彩を放つ同社の金型・プレス部品およびビジネスモデルの特徴

同社の主要事業である金型とプレス部品、およびビジネスモデルには、おおむね以下の4つの特徴があります。

①一貫生産

わが国の金型メーカーやプレスメーカーは、金型だけ、プレス加工だけという企業が圧倒的多数です。一部プレスメーカーで金型を製作する企業もありますが、その大半は金型の設計というよりは製作です。

しかし同社は、金型の設計製作からプレス部品の設計製作まで一貫して行い、しかも、相手によって完成した金型の販売をしたり、金型の設計製作から始めてプレス部品として販売したりと、さまざまな販売戦略をとっています。社員数が200人を超える企業としては、極めてユニークです。

②多種多様な金型の設計製作

一般的に金型企業というと、プレス金型専門や樹脂金型専門など単発型金型専門の企業が大半です。しかし同社は、トランスファー型、ファインブランキング型、積層コア型やセラミックチップ・触媒ハニカム型など、オールラウンドの金型製作が可能です。

③市場の分散

これまた一般的にいうと、金型メーカーやプレスメーカーの市場や取引先は、ある特定の市場や企業に過度に依存しがちです。たとえば、自動車部品が中心とか電気部品が中心という企業が多いと思います。

ところが同社は、この面でも異彩を放っています。というのは、現在の同社は、電子機器用部品、自動車用部品、電気用部品、医療器用部品の金型やプレス部品を売る、まさに業種分類が不可能な企業だからです。

ちなみに、同社の取引先は約200社です。これだけ多くの取引先を持つ金型・プレス部品企業は珍しいと思います。

④世界の最先端企業

数ある同社の生産品目の中で、とりわけ有名なのが「HDDサスペンション部品」です。この部品は、磁気ディスクとして記録を読み込む磁気ヘッドの間隔を8ナノメートル（0・008μm）以下に保つ重要機能部品です。これをわかりやすく説明すると、長さ70mのジャンボ機が、地上1㎜以下の高度で飛行している精度だそうです。

この製法技術を有する企業は、世界中でわずか4社です。ちなみに同社のHDDサスペンション部品は世界で40％、国内ではなんと70％のシェアを誇ります。

❖ 独立型・自立型の金型メーカー・プレス部品メーカーへ

金型やプレス部品の製造企業は、一般的に発注者の動向に強く左右される業界です。したがって、大半の企業は製品あるいは部品メーカーの協力工場として位置づけられています。その経営も、どちらかと言うと職人的・家業的な経営スタイルが大半と言えます。加えて言えば、技術力はともかく営業力・販売力は総じて低く、苦手であり、結果としてその取引先は、ある特定の企業やある特定の業種に偏りがちです。1社あるいは2社全面依存の企業も多く見られます。

技術力はともかくと言いましたが、金型やプレス部品の図面があれば、それを完全に商品化するだけの力はあります。しかし、製品をつくるに当たってより肝心な、自らが設計する技術、つまり開発技術・設計技術に欠けている企業が圧倒的多数です。

しかし、同社はこれらとは大きく異なります。まさに独立型・自立型の金型・プレス部品メーカーとして成長発展しているからです。

とはいえ、独立した当初は、発注者の上から目線の取引姿勢に反発する毎日でした。ようやく取引に成功し、最大の取引企業となった日本を代表する有名企業から、理不尽な言動をされ、取引を断ったこともあります。

ともあれ、設立当初から脱下請けを志向し、見事にそれを実現できたのは以下の3点が主要因であると思われます。

①上田社長の社員思いの経営の実践

上田社長は法学部出身ながら、企業に入社後、自ら志願してすぐに現場に異動しています。またその後、社員の待遇改善などのために労働組合を結成し、その委員長を務めました。こうしたことを通じて、上田社長は企業経営の真の意味を「社員とその家族の幸福の追求・実現」と理解認識していきました。

②受注型企業・価格競争型企業の限界を知る

上田社長は前職で、さまざまな発注企業との取引を経験しました。そしてそうした過程の中で、いわゆる下請企業の悲哀を経験してその限界を知りました。対等な立場で取引ができるような経営をしなければ、中小企業に未来はないと、身をもって知ったのです。

対等な立場になるためには、受注型・受け身型・貸与図型・価格競争型の経営から、提案型・能動型・承認図型・非価格競争型の経営への転換が必要と考えました。

③テクノロジープッシュ型・マーケットイン型の経営の実践

上田社長が独立する前に勤務していた企業は、金型製作とプレス部品を手がけるメーカーでした。その商品の大半は汎用的で当時、精密金型・精密プレス部品と言われる加工精度の商品だったのです。

当時、一流と呼ばれる企業からの引き合いは、少しずつですが年々高度化・高品質化・高精度化していました。しかし、勤務していた企業の経営者や技術者は、そんな難しい面倒な仕事などをやらなくても、ある程度受注は満たされていたために、高いレベルにチャレンジしようとはしませんでした。

上田社長は、こうした市場の変化、ニーズ・ウォンツを見逃しませんでした。そして、超精密な金型・プレス部品の設計製作にターゲットを絞り込んだのです。こうした経営が市場の高い評価を得て、大垣精工は脱下請けに成功します。

❖ 社員の雇用を守るために何をすべきか

バブル経済崩壊後の数年間は金型の仕事は激減し、多様な市場・取引先に市場を分散していた同社にも、大不況の嵐が吹き荒れました。この間、雇用の危機に直面した同社は、金型やプレス部品だけでの経営に限界を感じました。金型やプレス部品以外の自社商品を創造せねば、社員の雇用が守れないと強く思ったのです。同社はここで初めて、エンドユーザーをターゲットにする自社商品の開発を始めました。

そして生まれた商品が、体重計「あしカラット」です。体重を測定する体重計と、体重計に乗る人の足を乾燥させる足乾燥器とを組み合わせて一体化したことを特徴とする足乾燥器付体重計で、特許も取得しています。製品の金型は自社で設計製作し、加工と組立は韓国で行い、それを韓国内や日本国内で販売するという商品でした。しかし、販路に問題があり、数年間は赤字でした。したがって、当時における雇用の維持や自社商品保有に対する思いは大変強いのです。

❖ 同社が成功した3つの要因

同社の成長発展の要因は、同社が掲げた3つの方針が正しかったからだと言えます。その3つとは、

①弱点を克服し、先端固有技術を強固にする
②YES・I・CAN運動をさらに充実し発展させる
③国際企業としての自覚を強め、実力と識見を高める

です。

①の「弱点を克服し、先端固有技術を強固にしよう」という方針にのっとり、同社は他社の物真似をせず、また寄らば大樹の陰などの生き方もせず、常に業界の先頭を走ってきました。まさに市場創造型企業なのです。

②の「YES・I・CAN運動」は、あえて難しいことにチャレンジし、なぜできないのか、どうしたらできるのかをトコトン追求する運動です。1％の可能性でもあれば、失敗を恐れず、まずはやってみるという運動です。こうした経営が国内外の多くの企業の評価を高め、「難しい仕事ならまずは大垣精工へ」と、チャンスが拡大していったのです。

③の「国際企業としての自覚を強め、実力と識見を高める」は、現在も進む経済のグローバル化、ボーダレス化の流れに乗った戦略です。

現在、同社では韓国や中国に合弁会社を持っているほか、金型はアメリカ、中国、香港、シンガポール、インド、インドネシア、台湾、タイ、そしてイランなどの企業に直接輸出しています。

同社の海外進出は、中小企業の金型メーカーとしてはかなり早く、そのきっかけは1979年に岐阜の金型組合で主催した視察旅行で、上田社長が初めて韓国に行ったことです。自動車メーカーの起亜産業などの工場を見学しました。そのときは旅行気分もあり、夜の観光を楽しみ、料理がおいしく、韓国に対していいイメージを持つようになりました。

上田社長は韓国に興味を持ち、1981年に韓国で第1回金型関連機器展が開かれるという話を聞いて、出展することに決めたのです。参加当初は、展示会よりも観光が目的でしたが、2年目に韓国のある社長と交流を始めたことをきっかけに、LGやサムスン電子が興味を示し、取引が始まりました。最初は不純な動機で参加した展示会でしたが、そこからビジネスの輪が広がっていきました。

最初に知り合った韓国人社長と技術提携し、親しく交流するうちに韓国の事情もわかってきました。そこで1980年代初めの円高が進んだ頃、モーターコアをつくっていた韓国企業に同社も出資。1987年に、大邱の近くの論工工業団地に合弁会社「韓国城山」を設立したのです。

この会社ではモーターコアやジェネレーター、スターターなどの自動車部品を手がけ、順調に業績を伸ばし、1994年にはコスダック（店頭市場）に上場するまでに成長しています。

同社の成長発展の要因をもう1つ言えば、人本《じんぽん》経営の実践にあります。これは前述したように、上田社長のそれまでのキャリアに関係しています。不況時にあってもリストラをせず、実質定年制度がなく、経営もガラス張りであり、まさに大家族的経営が実践されています。このことが社員の結束を強め、企業力の強化につながっています。

上田社長は優しさの中での厳しさも徹底しており、どこへ行っても即戦力となる社員の養

成、つまり多角・多面・多層型人財の養成に注力しているところも注目すべき点です。

❖ モノづくりの発展には金型の人材育成が必須

同社は、東日本大震災などの災害やわが国の深刻な生産の空洞化現象を踏まえて、国内での拠点を分散強化しています。このため、２０１０年には長崎工場を、そして２０１１年には沖縄工場を建設しました。

一方で、上田社長は、日本の金型業界の競争力強化のために、わが国の大学工学部に「金型学科」を設置したいと考えています。日本では金型職場は若い人には歓迎されず、そのため毎年、金型企業に就職する学生は少なくなる傾向にあり、人材の枯渇が懸念されています。さらに金型教育は、地道に中長期計画での実践が必要とされていますが、文部科学省の正規のカリキュラムに「金型」という文字はありません。上田社長は日本金型工業会会長時代（2012年6月退任）に、文部科学省・経済産業省・関連学会などに金型教育の必要性を呼びかけ続けていました。しかし、金型教育が行われているのは数校に過ぎず、輩出人材数も限りがあります。それでも着実に、上田社長のまいた金型教育の種は全国に広がっています。

［１］既存市場・既存製品で脱下請け化を実現した企業②

下請けからのあくなき挑戦と変革でオンリーワン企業へ

久米繊維工業㈱

（国産Ｔシャツメーカー／東京都墨田区）

今や国内外から多くの観光客を集める東京スカイツリーの南に、１９３５年、創業者の久米才市氏によって久米莫大小（メリヤス）製造所が産声を上げました。当時は名前の通り、メリヤスを製造する町工場としてスタートしました。戦時中は休業を余儀なくされましたが、その後の内需拡大に伴って繊維業も盛んになり、受託製造をメインに発展しました。

現在、同社は数少ない国産Tシャツメーカーとして一貫した製造（裁断、縫製、検品、仕上げ、プリント）を強みに、確固たる信頼と地位を築き上げています。すべての商品を国内の直営工場やグループ会社で製造する完全国内生産にこだわり、製造や販売に携わる社員数は100人に上ります。

❖ Tシャツという商品に付加価値を

1950年代半ばに、2代目の久米信市氏は弟の久米利男氏とともに、自社商品の開発・生産に着手します。その理由は、値決め権のない受託製造の限界と、自社ブランド商品を保有したいという夢からでした。

これが、日本におけるTシャツの原点となった国産アウターTシャツです。戦後、海外から続々と西洋文化が入って来たとはいえ、Tシャツは当時の日本では肌着としてしか認知されておらず、Tシャツ一枚で外を出歩くことは一般的ではありませんでした。

そのため同社では、Tシャツに「色丸首」と命名してカラーバリエーションも多彩に増やし、着心地の良さとファッション性を武器に、一大ムーブメントを起こしていきました。また、主要なブランドのライセンス権（使用権）を取得し、それをTシャツのロゴとしてプリントし、製造・販売をして、自社商品の比率を上げていきました。たとえば、ある有名な海外ウイスキーの名前とロゴデザインのライセンス権（使用権）を取得し、自社でTシャツにプリントして製造するなどして、ヒット商品を次々に生み出していったのです。

結果的に、受託製造がメインだった頃と比べ、自社商品の比率は50％にまで増えました。そして現在、3代目の久米信行氏に代わってからは、ヒット商品ではなく定番商品をつくるという考えをもとに、「自社定番半製品」へと販売戦略をシフトしています。

繊維商品は、はやりすたりがあるという意味では「ナマモノ」です。したがって、少量多品種生産の現代において流行を追いかければ、おのずと賞味期限を早めることになります。

これに対して「自社定番半製品」とは、定番商品であっても加工（ネームをつけたり、プリントを施したり）しなければ商品の前段階です。商品の前段階ということは、定番商品にもできますし、受託製造に回すこともできます。この状態を半製品と呼んでいます。半製品であれば柔軟な対応ができ、在庫を抱えるリスクを減らすことができるのです。

半製品によって拓かれた道に、「ダブルネーム」という商品の提供スタイルがあります。これは、他社との共同によって2社の名前（ダブルネーム）で販売をする手法です。違う言い方をすれば、共同開発やコラボレーションアイテムです。

今では、「受託製造」と「自社商品」に「ダブルネーム」を加えた3つが、それぞれ売上の各3分の1を占め、バランスのとれた比率となっています。

同社では、「自社定番半製品」によってリスクを回避しながら、半製品から商品までの提供幅と価値を高めることに成功しているのです。

❖ イノベーションを繰り返しながら全体最適へ

3代目の久米信行氏は、小さい頃から父のイノベーションを見てきました。2代目の久米信市氏は、当時一世を風靡した某アパレル会社からの受託製造により、業績を堅調に伸ばしていました。しかし、利益を一社に依存する自社の業態に、不安を募らせたのです。その不安を払しょくするために、問屋、量販店、アパレル業界など特定の業種に依存しない顧客ポートフォリオ（業種バランス型）への脱却を図ります。そうしなければ、これからの時代は乗り切れないと決意したのです。

信市氏が決意を強くした理由の1つに、財務面の健全化があります。大手や有名な会社との取引が始まったとはいえ、それらの支払いはすべて手形であるため、会社の財務状態はとても不安定になります。さらに、一時的にでも銀行から融資を受けると、会社は発注会社と銀行に対しての発言権を失います。こうなると、一緒に働く社員のことや他のお客様のことは後回しになり、冷静な判断ができなくなってしまいます。

同社は、この悪循環から脱却するために、大口か小口かではなく、年に1回でも現金取引ができるお客様を大切にしていくことを決意しました。具体的には、ＦＡＸを活用して、小ロットからの受発注に対応できる子会社を立ち上げました。これが、法人ではなく個人からの、繊維業界ではなく非繊維業界からの注文へと口コミで広がっていったのです。

同社は昔も今も、お客様に成長させてもらうことを信条に、常に心ある新規顧客開拓を心がけ、「取引先ではなく、取組先をつくる！」という姿勢での経営を続けています。お客様と一緒に取り組むがゆえに、お互いに共感共鳴できるテーマを受発信することができ、この取り組み自体が差別化につながっています。

下請仕事ばかりをしていると会社の理念を見失ってしまうことから、現場では、「尊敬される経営理念によって、世のため人のため未来のために、道からはずれないようにしよう！」と声をかけ合っています。

そんな同社の経営理念は、「私たち久米繊維はデザインから販売まで一貫して行うＴシャツ独創企業として誰にも負けない創意工夫を続け、世界一の環境品質・文化品質を誇る商品とサービスを提供します。お客様・取引先・社員それぞれの物心両面の豊かさを追求して満足度を高め、社会に奉仕します」です。

先ほどの「取引先ではなく、取組先をつくる！」に通じる話ですが、ソロバンばかり弾いて「高い、安い」で判断する会社は、同社の顧客ではありません。値段ではなく付加価値、「久米織維工業の○○さんが、やっているコトが良いから組もう！」というお客様からの支持や評価が、社内の合意形成をスムーズにしています。

2代目の久米信市氏のイノベーションを目の当たりにしてきた3代目の久米信行氏は、「過去80年の歴史で、10年以上同じビジネスモデルで成功した例はない！」と断言します。そしてイノベーションとは、自分たちが築き上げてきた成功体験を捨てて、自己否定をすることからしか始まらないと言います。これが、脱下請けを導いた、脱下請け体制の整備となった基本的な考え方です。

❖ 自社商品の進化と「逆張りの選択と集中」

同社の自社商品の要になっているのは、「自社定番半製品」です。この「自社定番半製品」が、受託製造や自社商品やダブルネームに変身していきます。

しかし、今後も同じ商品構成・比率が続くかと言えば、決してそうではないでしょう。時代や顧客ニーズによって絶えず変化・変革する同社ですが、そのあくなき挑戦のベースになっているのが、2代目が3代目に授けた「成功の元」ノートです。ここには、同社の失敗経験が赤裸々に綴られています。これこそが、3代目をはじめ、同社社員の危機意識を醸成させたと言っても過言ではありません。

そのノートに書かれたことの1つに、一世を風靡した某アパレル会社の倒産があります。倒産原因は1つではありませんが、部分的成功によってブランド価値が向上し、アイテム数を広げ、売れない在庫が増え、経費散漫が引き金となり倒産するというシナリオです。倒産したアパレル会社への依存度が高かった下請けの経営は、必然的に傾いて行きます。そして、自己変革した会社は残り、変われなかった会社は消えていきました。

久米信行氏は先代から「成功の元」を譲り受けると同時に、数々の変われなかった会社を思い浮べながら、「自社定番半製品」という柔軟でリスク回避できる形へと、自社商品を進化させました。

同社が行ってきた手法をひと言で言えば「逆張りの選択と集中」です。逆張りとは、多くの人が向かう方向（戦略・戦術）とは逆へ向かうことです。それによって独自のニッチ分野でオンリーワンを確保・獲得することができます。

たとえば、繊維業は多くが海外へ生産・製造拠点を移しました。その結果、国産の繊維の国内シェアは4％と言われています（久米信行氏談）。多くの経営者が先行者利益を唱えますが、世の中には残存者利益というものもあるのです。特に繊維業のように機械設備への初期投資が必要な産業は、誰もが参入できるものではありません。

日本国内で辛抱強く生産を続けていた企業は、時間の経過とともに希少価値が高まり、自然と優位性が上がっていったのです。これが「逆張りの選択と集中」による成功例です。

❖ 強い人材力と仕入力を双輪に

繊維業界では、いまだに商品ありきだと思われています。そのため、流行る商品をつくるデザイナーに頼る会社が多いのです。それに対して同社では、「私たちは商品をつくって終わりではありません」と断言します。

その理由は、同社の商品は勝手に売れていくわけではなく、お客様が求めている商品を、社員が介入して要望に応えて付加価値を加えてつくり出しているからです。したがって、人を育てることが最も大切で、いちばん時間をかけます。ある企画を例にすると、リサーチや地慣らしするのに3年、そこから商品化するのに3年、そしてそこまでの努力を回収するのに3年、結果的に合せて9年かけたそうです。そうしたプロセスの間で社員たちを大切に鍛え育て、各自がみんな部門長であるのと同様の目標を立てさせて、責任を持たせます。

また、脱下請けの秘訣として久米信行氏は、「利は元にあり」という言葉を掲げます。いくら売上が下がったからといって、製造・人件費を下げるわけにはいきません。そのため、物価の上下は仕入れで対応する必要があります。

つまり、「バイイングパワー（強い仕入力・購買力）を持つ」ということです。この話に関連して、繊維業で時代の変化に対応できなかった企業の共通点に、自社（自分）で仕入れをしていなかったことが挙げられます。

❖ 正解がない脱下請けへの道、やりたいことをやるしかない

脱下請けに向けて最も難しいことは、そこにどうすれば良いという正解がないことです。経営は、大学入試のように一問一答ではありません。だからこそ同社は、「身の丈」と「分相応」を大切にしています。背伸びや無理をせず、本当にやりたい仕事に資源を集中させれば、同社の原理・原則で進めることができます。同社の原理・原則とは、「経営理念を貫けるサイズ」を保つこと。言い換えれば、集中と選択のできる規模を保持することだと久米信行氏は言います。

この「身の丈」および「分相応」を知ることは、自社を客観的に見つめ直す必要があり、苦心の伴う難しいことでしょう。しかし、脱下請けを進める際には必須であり、そこからしか企業は前に進めないのかもしれません。

同社の中で先代の教えを守りながら、長い間、仕入れを担当してきた現代表取締役久米博康氏（２０１４年に久米信行氏との代表2人体制となりました）は、社外社員である仕入先とのパートナーシップについてこう語ります。仕入先とは、「良いモノづくりのための１つのチー

ム」であると。

同社はTシャツの一貫メーカー（裁断・裁断、縫製、検品、仕上げ、プリント）ではありますが、紡績・生地編み・生地染色という前工程は工場設備がまったく異なるため、自社では行っていません。同社が求める高品質な生地を、安定的、継続的に仕入れることができて、初めて「自社定番半製品」という現在のビジネスモデルが成立します。

そこで、生地品番の絞り込み、仕入先への閑散期発注、適性数量のまとめ発注、手形での支払いが慣例の繊維業界の中での現金での支払いなどを行い、仕入先からは品質の向上、納期の徹底、リーズナブルな価格（単に安いという意味ではなく理由がある価格）での提供を受けるなど、お互いに切磋琢磨しながらの共存共栄を目指しています。

その結果、同社と仕入先との関係は良好で、取引は長年にわたるところが多く、このことがさらに高品質での安定供給という好循環要素につながっています。

夢は「ふるさと日本で、これからもTシャツをはじめ世界に誇れるモノ、誇れるコトをつくり続けていくこと…」だそうです。

［1］既存市場・既存製品で脱下請け化を実現した企業③

ぶれない視点に基づく地道な努力で「世界最速工場」へ

沢根スプリング㈱
（ばねの製造／浜松市南区）

ばねの製造業を営む同社は1966年の設立で、当初は自動車メーカーの下請仕事がほぼ100％を占めていましたが、1987年に業界初のばねの通販「ストックスプリング」を本格的に開始しました。現在では、受注生産品の小口ばねや特殊ばねと並び、「ストックスプリング」が主力事業となり、全国的に著名なばねの中堅・中小企業にまで発展しました。

同社の創業者は、現社長の沢根孝佳氏の父であり、現会長の沢根好孝氏です。沢根会長は同社の設立以前、義兄とヤスリの目立業やばね製造業を営んでいましたが、経営に関することなどで意見の不一致が発生したことにより独立し、同社を設立しました。その際に、義兄に会社のすべての資源（工場や設備、在庫など）を譲ったため、ゼロからのスタートでした。再出発からの2年間は、売上が月200万円程度と厳しい状況が続きましたが、その後の高度経済成長期が後押しとなり、業況を拡大しました。同社は設立以来、黒字経営を続けています。

❖ 脱下請けの契機となった「ストックスプリング」の特徴

同社は、「ストックスプリング」というばねの通信販売を行っています。これは、紙のカタログとインターネット上のカタログに5000種類以上もの自社標準ばねを掲載し、電話・FAX・インターネットから注文を受け付けるビジネスモデルです。大きな特徴は、1個から必要な数量を注文できる小口受注と、午後5時までの注文には原則として即日発送するという迅速性です。

生産を沢根スプリングが、販売を関連会社のサミニが担当し、沢根スプリングの営業とは売り方の差別化を図っています。

①小口受注への対応

「ストックスプリング」を開始するまでは、同社の仕事は下請仕事がほぼ100％を占めており、大量生産・大量販売が基本でした。しかし、「ストックスプリング」による通信販売開始後は、小口受注が増加し、仕事のやり方を変えていかなければなりませんでした。

まず、沢根社長が電気メーカー時代に身につけたIT知識を活用し、小口受注にも対応できる受注・生産システムへと見直しを図りました。沢根社長は、今でもITの積極活用を考え、「速さ」にこだわる経営ツールの新システムを構築することを予定しています。

また、今までの少品種大量生産で効率的であった製造工程の分業制は、多品種少量生産には対応が難しいため、1人で受注業務から製造・出荷までをできる人材の育成に力を入れました。同社では、1人で製品を完成させることを「職人生産完結方式」と呼び、特別視することで、多品種少量生産に対応するとともに、社員全員がやりがいを持てる会社になることを目指しています。

カタログは、小口の注文者の特徴であるばねのことをよく知らない顧客と、ばね設計ができる専門家との双方に選びやすい、わかりやすい独自の表記をしており、小口受注でも売上ボリュームを確保できるような仕組みを工夫しています。

②短納期への対応

現在では品質は良くて当たり前で、それだけでは競合相手との差別化は難しい状況です。そこで、不本意な価格競争に巻き込まれないために、「ストックスプリング」では午後5時までの注文は原則として即日発送するという短納期で勝負しています。

この短納期化を実現するために、「ストックスプリング」では約5000種類の在庫を保有しています。また近年では、カタログ記載の製品寸法から外れたばねでも、長さなどを自由に指定できるフリーサイズばねとしての受注を受けています。これは、受注の都度製作して、最短2日目に発送するというビジネスモデルをつくったもので、売上を伸ばしています。

「職人生産完結方式」とITをフル活用した工場に加えて、製造に必要な治工具や設備を充実させることにより、同社は「世界最速工場」を目指しており、徹底的にスピードにこだわっています。

このように、他社には真似のできないスピードを誇ることで差別化を図り、同社が自ら決定した価格（十分な利益を確保できる適正価格）による販売を実現するとともに、製造と小売業の両立を進めています。

❖ アメリカで出会った、ばねの通販モデルが契機に

2代目である沢根社長は、大学卒業後に大手電気メーカーへ入社し、4年間在籍した後に、同社の取引先である自動車の電装部品メーカーで7カ月間の研修を受け、米国への語学研修を経た後に同社へ入社しています。

同社入社前の米国研修中に、父親である沢根会長からの指令で、米国内のばねメーカーを訪問しました。そこで出会ったのが、現在の主力事業となっているばねの通信販売でした。

その会社は小口ユーザー向けに、ばねのカタログでメールオーダーシステムをつくり成功していました。当時の日本は、大量生産・大量販売により製造コストを低減し、利益を出すという図式が当たり前の時代でした。沢根社長は、小口受注やニッチ市場という日本には存在しない形態の商業モデルに、初めて直面したのです。

その後、沢根社長が日本へ戻って同社へ入社後に、小口需要の開拓のための通信販売「ストックスプリング」の事業を開始しました。その背景には、従来通りの下請仕事ではモノづくりを楽しめない、一部の得意先への依存度が高まり経営の安定性が低い、価格決定権を持つのが難しいなどの課題がありました。同社には、下請けから脱却して、少しでも自社商品を持ちたいという強い願望があったのです。

特に、大量生産を前提とした下請仕事では、大量生産による効率性を追求するため、製造現場の分業化・専門化が進む一方でした。しかし、それでは作業員たちにはモノの全体像がわからず、モノづくりの楽しみも伝わりません。そうした中で、「仕事は楽しんでやるべきだ」ということを提唱する沢根社長は、どうにかして社員たちに仕事を楽しんでもらおうと思っていました。

❖「ストックスプリング」の誕生と停滞、そして発展

沢根社長が米国研修中にばねのカタログ販売と出会ったことをきっかけに、同社の通信販売事業が始まりました。カタログを作成し、事業に乗り出したのです。しかし、当初の4年間は、片手間仕事の域を脱することができませんでした。

その後、沢根会長は通信販売事業に本腰を入れることを決意し、1986年1月、「ストックスプリング」の企画を沢根会長が推進し、それに伴うばねの製造を製造部長が引き受け、販売を関係会社のサミニに委託するスタイルで方針が固まりました。そして、圧縮ばね300種、引張ばね270種、合計570種のばねを掲載したカタログを武器に、1987年、「ストックスプリング」は船出しました。

しかし、当初の2年間は常に暗中模索の状態でした。この2年間にかかった経費は、人件費

などを除くカタログ作成費や郵送費、広告費など直接経費のみで1480万円に上りました。これを1カ月に換算すると、62万円弱となります。ところが、この間における売上は振るわず、月の売上高が60万円を超えたのは船出から2年後のことでした。

「ストックスプリング」が軌道に乗り始めたと実感できたのは、船出から5年後のことだったと、沢根会長は当時を振り返ります。米国での「ストックスプリング」との出会いからは、10年近い年月を経ていました。

❖「ストックスプリング」を日本一へ、続く同社の挑戦

このように、「ストックスプリング」は事業の立ち上げから、事業が軌道に乗るまでには長い年月を要しました。「在庫は悪」という言葉が一般的だった時代に、在庫をあえて持ち増やすビジネスモデルであったこと、小口受注による多品種少量生産という効率性の悪さなどから、事業が軌道に乗るまでの間は、「ばねの通信販売は、商売として成り立たない」と周囲からは理解を得られませんでした。

にもかかわらず、この事業を進めてこられたのは、①本業が順調であったためそれほど利益が出なくても許容されたこと、②米国で成功しているカタログ販売を見ており、必ず成功するビジネスモデルであるとの自信を持っていたこと、そして、③生産材の部品などをカタログや

通販で購入するという文化が当時の日本にはなかったため、たった数年で成果が出るものではないという長期的な視点（ぶれない視点）があったからです。

事業を軌道に乗せるまでに長い歳月のかかった「ストックスプリング」ですが、事業を成功に導いたのは、根気強くDMを発送し、年に1回カタログを改訂するなど、地道な努力を繰り返した結果でした。

当時、沢根会長は「ストックスプリング」を日本一にすることを生涯の仕事にすると宣言しており、その課題として、①DMを磨き上げる―開封したくなる仕組みづくり―、②DMの効率を上げる―素早い購買行動に移らせる―、③「ストックスプリング」をダントツに仕上げる―他の追随を許さない―、④品揃えとサービスで差別化を図る―コンビニ化―の4点を掲げていました。

また、科学的顧客管理として、取引実績をもとに顧客をランクづけ（ABCの3段階づけ）し、①Aランク顧客を知ること、②すべての顧客との関係づくりを意識した販売戦略を模索すること、③すべての顧客と深く長い付き合い（固定客化）ができるようパートナーシップを築き上げること、を謳いました。

このような取り組みの結果、「ストックスプリング」は徐々に売上を伸ばすとともに、次第に社内においても認知されていきました。当初はカタログ掲載の570種ほどの在庫からス

タートした「ストックスプリング」ですが、現在ではその数なんと5000種以上となっています。さらに言えば、毎年新しい製品を追加したり、工業用ばねだけでなく医療用の極小ばねという新たな分野へ進出したりと、事業を拡張しています。

現在では、「ストックスプリング」の顧客数は1万8000社に達しており、地方都市である浜松の小さな町工場が、日本を代表するばねの中堅・中小企業へと変容を遂げ、全国の顧客から高い評価を受けるまでになりました。

「ストックスプリング」の成功により、同社の下請仕事の比率は現在5割程度にまで減ってきています。ばね通販の顧客以外にも、2011年度の1年間の小口得意先は

400社以上に達しています。また、売上構成比が10％を超える得意先は1社のみとなり、販売先の分散化が図られ、一部の得意先や業種へ依存する体質から脱却しています。そして「ストックスプリング」では、同じ商品であっても受注個数により値段を変える一物多価制を採用するとともに、一切の値引を行わないなど価格決定権を持ち、適正価格での販売を実現しています。

同社では、「新経営ビジョン2020」を策定し、「ゆとり」と「幸せ」の実現のため、ストックスプリングや小口市場の深耕をさらに進め、2020年には現在の下請比率5割を2割程度にまで下げることを目指しています。そのためには、新製品開発を進めるとともに、顧客の期待を上回るスピードやサービスを追求し、海外市場の開拓も始めています。

【1】既存市場・既存製品で脱下請け化を実現した企業④

開発力・技術力の蓄積で、中小で初めてISO9002を取得

㈱タカハタ電子

（電気機械器具製造業／山形県米沢市）

タカハタ電子は、デジタルピッキングシステムなどをはじめとする物流・生産システム事業、液晶デジタルシステム事業、有機ELなどを光源とするライティング事業、そして発注元のブランド名で開発・設計から生産までを一貫して請け負ういわゆるODM（Original Design Manufacturer）事業などを展開する、モノづくりに関する高い技術力と開発力を有する企業です。

同社は1974年、大手家電メーカーと地元企業の合弁により、家庭用テレビなどの組立作業を行うことを目的として山形県米沢市に設立されました。創業以来、日米貿易摩擦やITバブルの崩壊などによる不況を経験し、何度も存亡の危機に直面しました。しかし、その都度、大手メーカーからの高い要求基準をクリアし続けて蓄えた生産能力と、経営環境の変化に対応する中で培われた開発力を活かして乗り越えてきたのです。そして、現状にとどまらず、事業範囲を徐々に拡大しながら現在に至っています。

同社が国際品質規格ISO9002を取得したのは1992年、これは全国で25番目、中小企業としては国内トップでした。1998年にはテック協同組合を設立、国際規格の審査業務を受託するまでになっています。

❖ 日米貿易摩擦を機に脱下請けを決意

同社は、設立の経緯からもわかるように、100%下請けからのスタートでした。当時はオイルショックの影響により、省エネで安価な日本製カラーテレビの輸出が大きく伸びていた時期でもあり、創業後数年間は受託生産事業が順調に拡大していました。しかし1970年台後半には日米貿易摩擦が深刻化し、1977年以降、日本メーカーはカラーテレビの対米輸出を一定台数に抑える自主規制を実施せざるを得なくなります。

その影響は同社を直撃します。急激な生産量の減少に見舞われた同社は、人員整理の実施を迫られ、社員の約半数が同社を去ることとなりました。

しかしこれをきっかけに、同社は自社開発に取り組むこととなります。とはいっても、下請企業がいったい何から始めればいいのか。開発資金にも事欠く中で同社が出した答えは、自社の生産に必要な設備の内製化でした。外部から設備を購入すれば必要となる資金を予算に、自社で利用する設備を内製化する。この方法なら売上は望めないものの、追加する予算は最小限で済み、社内に技術を蓄積していくことが可能です。

同社はこの方法で、プリント基板（多数の電子部品を表面に固定し、その部品間を配線で接続することで電子回路を構成する板状またはフィルム状の部品）の製造に必要なチェッカー（計測器）やインサーキットテスター（電子部品と基板との接続の信頼性を検査するための測定装置）を自社開発することに成功しました。当初は開発の専任社員はおらず、社員は通常業務の合間に取り組んでいましたが、その後、技術開発室が設置されるなど徐々に組織面での整備も進んでいきました。

❖ 開発力と技術力とを蓄え脱下請けへ

同社の主力製品の1つであるデジタルピッキングシステム（物流仕分け装置）の開発に必要

な技術も、このような取り組みの中で徐々に蓄積されていきました。デジタルピッキングシステムとは、たとえばさまざまな商品を組み合わせて各店舗へ出荷しなければならないコンビニ向けの配送センターなどにおいて、多種の在庫を管理している棚のそれぞれにデジタル表示器を設置し、デジタル表示器の示す個数通りに棚から商品を集めることができるシステムです。デジタル表示器通りにピッキングしていけば、店舗ごとに発送する商品が異なっていても、間違えることなく商品を出荷することができます。紙を使わないペーパーレスのシステムで、このほか組立工場で製品を組み立てるのに必要な多種の部品を間違いなく集めるシステムなど、さまざまに応用できるシステムとなっています。

同社はこのシステムを１９８８年に開発しましたが、これは、ある大手エレクトロニクスメーカーが半導体製造工場の物流改善を企画したものの、その引き受け先がなく困っていたところを、同社が蓄えていた開発力を活かしてシステムを受注することになったものです。

そのため、厳密には自社開発とは言えないのですが、その後、山形県から県内の企業が東京で行う展示会に自社開発品を出展してほしいとの依頼があった際、同社ではこのシステムを出展できないかと考えました。そこで発注元の企業にその旨を打診したところ、快諾が得られたため、東京での展示会に出展できることとなりました。

ただ、同社はこのシステムを展示することにはしたものの、自社開発品として他に目ぼしいものがなくとりあえず出展しただけで、反響についてはあまり期待していませんでした。しかし、展示会でこのシステムを見た業者からすぐに反応がありました。最初に興味を示したのは、多くの商品を販売店ごとに組み合わせて出荷しなければならない菓子メーカーだったとのことです。

デジタルピッキングシステムは、同社が最初に開発したものではありません。では、なぜ同社のシステムが注目されたのでしょうか。それは、従来のシステムでは一度に１人しか棚から集荷することができなかったところ、同社のシステムでは同時に５人が一度に集荷でき、他社のシステムにはない特徴を有していたためだったのです。

❖ 中小企業ではトップだったISO9002の取得

同社の技術力を活かした活動の１つに、国際標準規格への取り組みがあります。同社が国際品質規格ＩＳＯ９００２を取得したのは１９９２年で、これは全国で25番目に早く、中小企業ではトップでした。

同社がＩＳＯ取得に取り組むきっかけとなったのは、従来取り組んできた製造現場における小集団活動の行き詰まり、つまりマンネリ化でした。会社設立からこの法人の経営に関与し、社長就任後まもない時期であった現社長でもある安房毅氏は、この状況に大きな危機感を感じていました。

そこへ、関係のあった機械電子検査検定協会（ＪＭＩ）の担当者からＩＳＯという規格ができたこと、そして中小企業ではまだ取得した企業がないことを聞いて、「これなら、みんながやる気になるんじゃないか？」とピンと来たそうです。そして安房社長は、「2年でＩＳＯ９００２を取得する！」と宣言しました。

ＩＳＯ９００１が設計から開発、製造、据付に至るすべての工程を対象とした品質保証システムであるのに対し、ＩＳＯ９００２はＩＳＯ９００１から設計のプロセスに関する部分を除いたもので、受託生産企業が常に一定の品質を保ちながら製造する能力があるという、製造プロセスの品質の高さを証明する制度と言えます（現在はＩＳＯ９００１に統合）。

このとき、不思議なことに社内のどこからも、この社長方針に対する異論は出ませんでした。そして中小企業としては前例のない規格取得に向け、同社の苦闘が始まることとなります。真似ができるような同業他社がいない中で、同社ではとにかく事例を積み上げていくことで、課題を1つひとつクリアしていきました。専任者は2人でしたが、プロジェクトチームのメンバーは最終的には総勢20人を超えるまでになっていました。

当初設定した期限に近づき、審査を目前に控えた時期には多くの社員が会社で徹夜しなくてはならないほどでしたが、全員の努力の結果、期限内に何とか取得することができたのです。

このＩＳＯ９００２取得は、実に多くのものを同社にもたらしました。まずは取得に向けた業務に全社一丸となって取り組む中で組織が活性化し、あわせて社員の業務品質に対する意識も高まりました。また中小企業では国内最初の取得だったことから、テレビをはじめ多くのマスコミに取り上げられ、知名度が全国的に一気に高まりました。その後、品質に対する要求レベルの高い自動車メーカーと取引することができたのは、このとき培った経験を抜きにしてはあり得なかったはずです。

その後、国内におけるＩＳＯの認知度は徐々に高まり、ＩＳＯ取得に取り組むことが企業力の向上に結びつくことに目をつけた政府が、その取得を積極的に奨励したこともあって、多くの中小企業がＩＳＯ取得を目指し始めました。

しかし、中小企業にとってＩＳＯのハードルはかなり高く、同社のように独自の取り組みで取得に成功する企業はほんのわずかでした。多くの企業が取得を断念する中、コンサルティング会社を利用して取得を目指す中小企業もありましたが、当時はコンサルタントにも中小企業を支援するノウハウが不足しており、満足な成果を上げることができない状況でした。

この時期、地元企業のＩＳＯ取得に頭を悩ませていた福島県産業振興センターの担当者から同社に一本の電話がありました。同社の実績に目をつけ、同じ中小企業の立場で、取得につまずいた企業の支援をしてもらえないかという内容の電話でした。同社にとっては決して割のいい話ではありませんでしたが、同じ立場の中小企業を助けたいとの思いから、その依頼を引き受けることにしたのです。同社にはその後、地元山形県からも同様の依頼が多数舞い込むようになります。

最終的に同社は、資格取得を目指す企業の審査業務を受託するまでになり、1998年には審査業務を受託する受け皿としてテック協同組合を設立します。審査される側であった同社が、審査する側に回ることになったのです。

❖ 時流に合った社内制度改革と研究開発を推進

再び同社に危機が訪れたのは、ITバブル崩壊後のことです。一時的な業績の悪化によって、金融機関の取引姿勢が大きく変わり、新規の与信がストップする事態に至りました。しかし同社では全社的な再生計画を立案し、1年間の返済猶予を受ける中で取引先などの協力も得て、業績の立て直しに成功します。

このとき、同社は業績連動型の報酬制度を導入しました。と同時に、会社業績を全社員に開示することとしたため、社内の危機意識を共有することが可能になりました。またこの制度を好況時にも継続したことで、社員の自社業績に対する関心の高さが維持され、経営環境の変化に応じてさまざまな打ち手を素早く実施することができるようになりました。逆境をばねに、自社の経営力を強化することに成功したのです。その結果、2005年頃には財務面での問題は解決、2008年には新たな借入を行って、新工場を建設するまでになっています。

受託生産工場としてスタートした同社ですが、現在では全従業員の約2割が各種技術者として開発に携わるまでになりました。すでに開発型企業と言ってもいいかもしれません。会社の設立時から「大企業からの受託生産とはいっても、ただ要望通りにつくるだけでは生き残れない。万が一のことがあってもとにかく生き残るためには、平時から種まきを行い、いざと言うときに備えるべきである」。そう考えてきた同社は、好不況の波にかかわらず、短期的に芽が出なくとも、可能な限り開発投資を継続してきました。

開発には、先端設備の導入など資金的な負担も伴います。またどんなにいいモノをつくっても、顧客ニーズに合致しない製品は売れません。マーケティングという考え方も最初はありませんでした。そのため、自主事業が本当の意味で業績を支えてくれるようになってきたのは、つい最近になってからです。このように本当に忍耐力の必要な活動ですが、同社では今後も、この方針は変えることなく維持していく考えです。

なぜなら同社には、規模の拡大よりも事業の継続を優先する、そしてどのような経営環境になっても会社を維持していくためには新たな取り組みを続けるしかない、という確固たる信念があるからです。

❖ 技術を結集した「モノ創りソリューション事業」への挑戦

同社の特徴である高い技術力を最も発揮でき、今後の主力として考えているのがＯＤＭ(Original Design Manufacturer) 事業です。発注先の要望に応じて企画打合せから設計、調達、試作、量産、検査、品質保証、納品まで一貫で提供する、総合力が問われる形態です。

現在、多くの企業の製造部門は海外に流出していますが、同社では自分たちにしかできないような高い技術レベルを要求されるものを手がけることで、国内でも十分勝算があると考えています。同社には、発注元のどのような要求にも柔軟に対応できる生産現場の強みがあります。その強みをさらに強化していくことで、追い上げられつつあるアジア諸国などに対する優位を維持し、1台から大量ロットまで、積極的に取り組んでいく方針です。

同社ではこれを「モノ創りソリューション事業」と名づけて、さまざまな展示会などに出展することで認知度を高めるとともに、電子、機械関連産業が集積する米沢という地の利を最大限活かすべく、地元企業とのパートナーシップやネットワークを強化し、個々に競争力の高い分野を持つ地元企業のコーディネーターとしての役割を担うことも視野に入れて活動していいます。また、山形大学工学部との産学連携の中から、有機ＥＬを用いた新たな照明事業への参入を企画するなど、地元企業の中心的存在として今後ますますの活躍が期待されています。

［1］既存市場・既存製品で脱下請け化を実現した企業⑤

技術力・品質向上で常に攻める姿勢を維持し、システムを革新

東海バネ工業㈱
（ばねの製造／大阪市福島区）

東海バネ工業は1934年、先代社長の南谷三男氏により、ばね専門メーカーとして大阪市福島区で創業を開始しました。その当時、ばねの先発メーカーはすでに多々あったため、南谷氏は自社が生き残っていく方法を試行錯誤することになります。

当時他社は、大量生産による効率化を目指していました。その中に入っては過当競争になると考えた南谷氏は、非効率として避けられがちな仕事や、数がまとまらない不特

定多数の顧客からの注文など、他社が手を出したがらない仕事を積極的に請け負っていく方向性を決め、取り組むこととしました。

現社長である渡辺良機氏が入社したのは1973年で、同社のばねづくりの技術は高く、高品質の微量生産体制は確立していました。

しかし、渡辺氏はもっと多くの製品の販売をしたいと考え、某鉄道関連の大手企業に営業に出かけたのですが、そこで、品質の高さより同一規格の低単価商品を求められ、自分の方向性の間違いに気づきます。渡辺氏は、廉価な標準品をたくさん売るよりも、職人の思いが伝わる営業をしようと、思いを新たにしたのです。

そして現在、同社は東京スカイツリーに使用されている制振ばねや、原子力発電所で使われる安全弁用ばねに採用されるほど、高品質で高難度のばねを生産する技術力を持った企業となっています。現在社員数は80人で、71期連続の黒字経営を継続中です。

❖「単品なら東海ばね」と言われる技術力

創業当時より、同社は「単品」や「手間のかかるもの」を中心に、特殊ばねの多品種少量生産をしていました。「単品なら東海ばね」と言われるほどの技術を持っていました。三菱重工業や日立製作所など大手企業に使われるばねの生産高は、同社の構成比率の10％程度でした。

国内ばねのシェアの85％が大量生産のばねとなっている現状の中で、何とか自社の売上を伸ばしたいと考えていた渡辺氏は、ある酒屋で取り入れているコンピューターによる受発注および顧客管理など「システムを売る」販売方法に刺激を受け、国内ばねで多品種微量のオーダーメイド分野の15％を自社に取り込む方法に特化し、製造・営業を続けることにしたのです。

その結果、現在は年間１０００社と取引するまでになりました。平均受注ロットは5個で、超微量生産です。なお、技術力の高さの象徴として、東日本大震災による大きな揺れが首都圏を襲う中、東京スカイツリーが無傷でいられたのは同社の力であるともっぱらの評判です。同社は、それほどまでに高い技術力を持った職人たちの集団なのです。

❖ 自分たちの製品には自分で値段をつける

今では超絶技術を持つ職人集団の同社ですが、以前は大手企業の下請けとして大量生産品をつくろうとしていた時期もありました。しかし、同じ規格のばねを大量生産することは、激烈な価格競争の中に入っていくことと同義であり、それは企業にも現場にも著しい消耗をもたらします。結果的にそのことは、いくら大量の受注が確保できても、従業員を苦しめることになるのです。そのことに気づいた渡辺氏は、企業も従業員も幸せになれる方法を模索しているとき、同業者の仲間とともにドイツの企業視察会に出かけました。

視察した企業では、同社と同じく手づくりの単品受注生産をしていました。そのとき、受注単価はどう決めるのか質問しました。すると、相手は何を当たり前のことを聞くのかという顔で、「原材料と製造原価と管理コストに利益を上乗せして決定している」と答えたのです。

日本では、それだと取引先は納得しません。そこでもう一度同じ質問をしました。相手はまたしても不思議そうな顔をしながら、「自分たちがつくるのだから、すべて自分たちで決めるのは当然だ。それが受け入れられないのなら断るだけだ」と言うのです。そのような仕事のやり方があるのかと、渡辺氏は驚きました。

そう言われて現場を見回すと、50人ほどの職人たちはみんな自信と誇りを持った表情で、楽しそうに働いていました。渡辺氏は、自分も職人の思いが伝わるものを販売していこうと心に決めて帰国の途につきました。そのとき以来、同社は量産品の下請けとは決別し、受注先の要求に振り回されない自立した会社へと、大きく舵を切ったのです。

渡辺氏が社長に就任したのは28歳のときでした。入社の頃から南谷氏は、「この人が次期社長になる人だ」と従業員に説明をしていましたが、その当時100人ほどだった従業員は、みんな「この若造で大丈夫か？」というような目で渡辺氏を見たと言います。従業員の4～5割が職人であり、渡辺氏はばねをつくる技術を持ち合わせていなかったため、従業員の心に響くにはどのように何を伝えたらいいか、毎日考えながら仕事をしていました。

渡辺氏は当時、主に営業を担当していました。職人は考え方がストレートで、本気の心しか通じない。良いことを言っても、それを実行しなければみんなの心を変えられないと確信しました。そこで渡辺氏は、「できない約束はしない。約束は必ず守る」を自分の信条とし、仕事に取り組むことにしました。そうするうちに徐々にですが、職人気質の仲間も心を開いてくれ、信頼してくれるようになりました。

71期連続の黒字経営、営業利益率10％以上の好実績を見てもわかるように、渡辺氏は従業員と心をともにしてこそ、この実績を上げられているのです。下請けとの決別を決めたときも、「社長、また何か違うことを始めたな」というような思いが社内には流れましたが、誰一人として反対する人はいませんでした。

❖ 酒屋はお酒を売らないでシステムを売る

ばねの材料は、仕入れるのに3カ月から半年、あるいは長いものでは1年かかるものもあります。そのため在庫は必要です。たった数kgしか使わないものでも、何tと在庫を持つのです。そして、ばねづくりには職人の技が必要です。技術が必要ですから人件費は下げられません。「単品」「手間のかかるもの」を中心に仕事をしていた同社では、泣く泣く利益を削ってまで価格を下げざるを得なかった時期もありました。

しかし、ドイツでの企業視察で「自分たちがつくるのだから、自分たちで（価格を）決める」ことを学んだ同社は、単品受注販売を追求することで、他社が太刀打ちできない高品質のばね、高難度のばねの微量生産に特化して行くことになります。

しかし、受注は1個からと決めましたが、その管理は複雑を極めました。そんなとき「酒屋さんはお酒を売らないでシステムを売る」と、あるコンサルタントから聞きます。それが第2の変革のチャンスでした。

同社の顧客は不特定多数で、不定期です。不定期な顧客の注文は、ベテランの営業でないと受けられず、情報が正しく流れないことが多々ありました。これを何とかしたいと考えていたときでした。その酒屋さんは、コンピューターで受発注管理をしていたのです。

渡辺氏は「コンピューター管理にすれば、品切れをする時期を100％の確率で当てる御用聞きになるだろう」と考え、コンピューターの導入を決めたのです。今から30年ほど前のことです。コンピューターはまだまだ一般的にはなっていませんでした。

ばねの付加価値を高めるために導入したコンピューターですが、その後、より付加価値を高めるため、バージョンアップすることになります。2002年にはウェブサイトをリニューアルし、「ばねについて何でもご相談ください」と自社の技術力をアピールしました。すると、2003年1月からアクセス数はうなぎ上りに増えて、年間100社の新規取引先を開拓。現在では、累計新規取引社数は２０００社にまで達しました。

❖ ばねという商品ではなく技術を売る

同社がばねを売るのは当然ですが、同社は他ではできない技術を売ります。これが、凡百の他の企業とは違うところです。東京スカイツリーの最上部に取り付けられた制振ばねは、半永久的にその役目を果たさなければなりません。また、原子力発電所に使用される安全弁用ばねは、約40年間以上にわたって恒常的に役目を果たすことが求められています。このような使命に応えられる技術を持っているのは、同社だけなのです。「東海ばねの『ばね』でなければ仕事をしない」と言われるほどに、その技術の高さは広く認知されるようになりました。

同社ではまた、「スーパーニッチ戦略」も立ち上げています。これは、コンピューターによる呼びかけです。２０００社、３００００アイテム以上の情報の中から、小口の取引先の製品に対し、問合せの案件の見積り額や納期を社内データから瞬時に割り出し、その場で答えるシステムです。過去の受発注データや各種資材の原価、生産ラインのスケジュール管理など、あらゆる情報を一元管理することで、これらのことが可能になります。

そして、ほぼ１００％の高水準の納期で対応できているのも、コンピューターのおかげです。２００５年には、経済産業省のＩＴ経営百選で最優秀賞を受賞しました。また、関西ＩＴ

百選では3年連続で表彰を受けています。
30年前に大量生産と決別し、まだ黎明期であった時期にコンピューターを導入し、技術と生産管理の一体化を図ったこと。こうしたことすべてが、同社の強さを根本から支えています。どんな注文にも応じられる体制を整え、間口を広め、その技術とサービスを根幹としたから、ＩＴ化も成功したと考えられます。

❖ モノづくりの差別化を何で図るか

渡辺氏は「もっとええばねをつくって、値下げしないで買ってもらうんや！」と、これまで品質の向上、技術力の向上へと邁進していきました。その結果、「東海ばねでしかつくれないばね」を使いたいというお客様も増え、付加価値も高くなってきました。それはコスト削減よりも難しく、一朝一夕にできることではありません。

現代という時代は、マニュアル化や標準化をすれば、誰でもどこでも世界中で同じものがつくれます。しかし、それでは日本の製造現場の持つ強みが活かされないと渡辺氏は言います。

そこで渡辺氏は、ばねをつくる職人が誇りに思える工場をつくることにしました。工場の名を「啓匠館」といいます。建設費は通常の工場の１・５倍かかりました。ここでは、匠の中の匠しか働けません。「現代の名工」に選ばれた人だけが、心置きなくモノづくりができる環境であり、一流の職人を目指す若者にいつかあの工場で働きたいと、大きな夢を与えています。工場の環境ばかりでなく、同社は同業他社と比べて年収で100万円ほど多く、なおかつ有給休暇取得率も100％です。もし有休を消化できていない職人がいるときには、管理職の管理が悪いと評価され、職人と同様に注意を受けます。残業も基本的にはありません。「経営には奇策も裏技もない。社員のモチベーションを10％上げれば業績も上がる」。渡辺氏の力強い言葉です。

❖ 本当の問題解決は「今」しかできない、その連続だ

1973年、入社してから10年間ともに働いてきた南谷氏が他界し、渡辺氏は1人で会社の舵取りをすることとなりました。南谷氏の思いを受け継ぐことに迷いはありませんでした。しかし、南谷氏の仲間は善意から、小さなばね工場では先行き不安だからやめた方がいいと忠告しました。それでも、せっかく自分を見込んでくれた南谷氏のためにと、「完全受注、1～5本の超微量生産」をコアコンピタンスに頑張ってきました。今では、アドバイスをくれたみなさんから、「よく頑張ったな」と言われています。

年間の工場見学者は800人ほどになりました。「いいものを見せていただきました」「勉強になります」とみなさんが口にしますが、その思いを本気で自分の会社に反映させなくては何

も変わりません。同社は余力のあるときに、本気で取り組んだからこそ今があります。本当の問題解決を、「今」することが大切です。以下は、渡辺氏の標語です。

ばねの第1世代はつくり出すこと

ばねの第2世代はＨｏｗ Ｔｏ Ｄｏ 体裁よく、合理化

ばねの第3世代はＷｈａｔ Ｔｏ Ｄｏ

日本企業で、１００年存続する企業はわずか０・２％です。とすると99・８％は、それまでに消えてなくなることになります。つまり、１００年企業とは「あり得ない」経営レベルの会社だと言ってもいいでしょう。東海バネ工業は73期目に入りました。１００年の節目まではあと26年と少し。この26年を、０・２％のあり得ない企業の仲間入りをするべく、一歩ずつ着実に前進することを渡辺氏は期待しています。「創立１００周年には立ち会えないけれども、その日が来たら創業者の胸像の前で『やりました！』と報告して、みんなで祝杯を挙げてほしい」とにこやかに夢を語っていたのが印象的です。

［1］既存市場・既存製品で脱下請け化を実現した企業⑥

卓上ベルが鳴らした未来への合図

㈱能作
（鋳物鋳造業／富山県高岡市）

能作は、高岡銅器の産地として有名な富山県高岡市に本社がある、茶道具や花道具、仏具、キッチンウェア、生活小物などを製造販売する鋳造メーカーです。創業は1916年、設立は1967年で、社員数は102人（2015年）です。社長は能作克治氏で4代目になります。

銅器製造の下請メーカーだった同社に1984年、現社長の能作氏が入社します。当時の同社は、大口顧客から受けていた仏具などのロット生産の製品が主でしたが、「このまま大量生産品をつくり続けても、中国などアジア諸国を代表する後進国のパワーには到底かなわない」と考え、生き残りを賭けて約20年前から、多品種少量生産にシフトしていきました。そのためには、どこにもないオリジナルな自社商品を開発し、脱下請けを図ることが必要でした。そこで同社はさまざまな模索を行い、とうとう当時は困難とされたスズ100％の食器の開発に成功しました。その後も、スズを素材にしたアイデアにあふれる商品を開発し続け、現在に至ります。同社の企業理念は「私たち能作は、先人の技法を継承しながら、新たなる伝統を創造します。そして日本と、地域社会に貢献する鋳物メーカーであり続けます」です。

❖ スズを100％使用した看板商品

現在、同社の売上高に占める自社商品比率は約80％です。10年前は95％が問屋から依頼される仏具や茶道具などの下請商品だったことを考えると、これは驚異的な数字だと言えるでしょう。現在では残りの20％が問屋からの製品です。

しかも驚くことに、問屋からの依頼品の売上金額は10年前と変わっていません。つまり自社商品を開発することによって、80％分の売上を増やしたことになります。

同社が生産している自社商品は、主に食器や生活小物です。原料は、食器にはスズを100％使用し、同社の看板商品となっています。その他の小物は、真鍮や銅を用いて風鈴や置物などを生産しています。スズ100％の食器は好評で、近年ではフランスや上海、アメリカやドイツなどの展覧会にも参加して、諸外国のバイヤーからも一目置かれています。

❖ 市場になかった自社商品が誕生

同社のある富山県高岡市は、昔より銅器の産地として有名な場所でした。同社はこの地に400年にわたって伝わる鋳造技術を用いて仏具製造業を始め、茶器や仏器や花器などの受託鋳造を行ってきました。

この産地の生産の特徴は完全な分業制で、鋳物屋が鋳造し色付屋が色をつけ、問屋がブランド名をつけて卸して行く仕組みがしっかりと構築されていました。そのため、問屋の力は絶大で、一業者が自社商品を持つことは夢のまた夢のような話でした。鋳物屋は自社でつくった鋳物が、その後どのように加工されてどのような製品になり、どんな人にどこで売られているのか、まったくわからなかったのです。

同社の先代の娘婿として1984年に入社した能作社長は、衰退しつつあった高岡銅器と同社の近い将来を案じ、次に打つ手を模索していました。当時は大量生産品の受注が安定しており、同社の経営状態は良かったのですが、この好況はアジア諸国の台頭を見る限り長く続くはずはないと、能作社長は危機感を感じていました。そこで、一定の評価があった自社の技術力を武器に、徐々に多品種少量生産品へとスイッチしていきました。しかし当時は、自社商品の開発までは至りませんでした。

そんな最中、たまたま能作社長が2001年に開かれた高岡市主催のデザイン研修会に参加したことで、同社の自社商品開発が一気に現実のものとなりました。自社で製作した銅鋳物の茶道具を、自社の技術をわかりやすく見せるために、鋳物を仕上げたままの無塗装の状態で参加者に見せたところ、思いもかけない好評価を得ることができたのです。そして、その研修会の関係者から東京での展覧会の開催を勧められたのです。

能作社長自身も、実際に自社の商品を使用してくださる顧客の生の声を直接聞いてみたいとの強い思いがあり、単独で展示会を開くことにしました。そしてこの展示会用に製作した真鍮製の卓上ベルが、あるショップのバイヤーの目に止まり、契約するまでになりました。

そこで、さっそく商品として製造してインテリアショップに置かせてもらったのですが、売れ行きはさっぱりでした。するとショップの店員さんが、こんなアドバイスをくれたのです。「(売れないのは)日本には、卓上ベルを鳴らす習慣がないからではないでしょうか。音色はとっても良いので、この卓上ベルを風鈴に改良してみたらどうですか?」と。

そこでさっそく試作品をつくり、販売してみたところ、この風鈴が大ヒットしたのです。現在では、約30種類ものデザインを取り揃えるまでになり、累計で3万個を売り上げる、同社を代表する商品に成長しました。

その後、「金属製の身近な食器が欲しい」という取扱店の店員さんの声を聞き、高岡伝統の鋳造技術を応用した金属製食器の製品化を検討しました。それまで原材料として使用していた銅は食品衛生上、食器としては使用できないため、食器用に許可されている金属の1つである、スズを使った製品の開発に着手します。

それまでは、「安定性がなく、曲がりやすい」などの特徴によって、スズは加工しづらい金属ととらえられていましたが、「シリコーンゴム鋳造」という技術を独自に開発することで、スズの加工が容易になりました。「自由自在に形を変えることができるスズでつくられた器」という、市場にはない自社商品が誕生したのです。他の金属を混ぜて合金にしたスズの食器は、他の産地でもたくさんあります。同社では、あえてスズ100%という製造の難しい素材を使用することで、自社のオリジナリティを出すことに成功したのでした。

❖「旅の人」だったからこそできたアイデンティティーの構築

能作社長は先代社長の娘婿として入社し、後継者としての道を歩み始めたのですが、いきなり経営者として入社したのではありません。まずは、現場で一から先輩社員や取引先の職人に教えてもらいながら技術の習得に励みました。それと並行して、それまでの技術を改良し、さまざまな工夫をし続けていました。そうするうちに、いつの間にか既存社員からも信用されるようになっていました。

当時も今も、自社がいわゆる「下請け」であるという意識は、能作社長にはありません。自分たちはあくまでも技術屋であり、どこにも負けない技術を売りにしている自負があります。能作社長自身も入社して17年間は職人として、現場の一線で働いていました。したがって、能作社長は鋳物の仕事は全部自分でできます。現在は現場を離れていますが、何か困ったことがあれば社員が相談にやってきます。

能作社長は、自分が生まれながらの鋳物屋の息子ではなかったため、「鋳物とはこういうもの」との凝り固まった考えがありませんでした。富山では県外から来た人のことを「旅の人」と言います。何だか距離を置かれているような少し寂しい表現ですが、逆に素直に土地の人たちの話を聞こうとすれば、「おまえはこの地の人間じゃないから、何も知らないだろう？」と、さまざまな人たちが本当に多くのことを教えてくれます。

能作社長はそうやって教えてもらったものを全部自分で試して、その良い悪いを判断し、自社の技術を向上していきました。自社内で覚えたこともたくさんありましたが、周囲の同業者から教えてもらったことも、本当に数多くあったのです。能作社長が入社して12～13年もすると、「能作の技術が高岡では一番」と言われるまでになっていました。

職人は自分の持つ技術で生活をしており、プライドが高くて頭が固いものです。そのため、なかなか新しい技術に挑戦できません。当時の同社社員の平均年齢は60歳前後でした。そんな彼らに混ざって能作社長は現場で働きながら、すべてのことに対して結果を出していきました。そのような姿を見続けてきた社員にとって、能作社長は今やかけがえのない仲間です。

鋳造業界が斜陽産業であるのにもかかわらず、同社の売上は長年横ばいを推移しています。横ばいということは、売上が減り続ける産業の中では、実は売上増と言っても過言ではありません。「あいつはしっかりやっている」。職人たちは能作社長を認めていたので、自社商品を売り出していくことにも、賛同を得ることができたのでした。

❖ 自社商品で産地を守る

能作社長は、現在の社員数53人を同社本体としては最大として、これ以上の社員増は考えていません。約1000坪の工場敷地も、これ以上拡張はしないと決めています。自社工場で働く人間は、現在の人数を最大としています。

これはなぜかと言うと、能作社長は自社でまかない切れない仕事は、周囲の同業者に分配したいと考えているのです。高岡で古くから受け継がれてきた鋳物の伝統技能があったからこそ同社の現在があり、高岡があるからこその同社である以上、その基盤となっている高岡の産地が盛り上がらなければ、自社だけが儲かっても何の意味もないと考えているのです。

自社の会社規模を制限して、やり切れずにあふれ出た仕事は地元の協力工場に渡します。また、製品の鋳造後の仕上げも自社でやらずに、高岡の伝統である分業制に沿って地元の業者に依頼します。周囲に仕事を出すことは、自分たちと同じように高度な生産技術を、他社にも培って欲しいとの願いにつながっています。

そのため、最高の技術力を持つメーカーとしての同社の社員が、協力工場に出向いて鋳物技術を指導していくことも行われています。すでに、鋳物以外の部分は外注先を探していて、ここ最近では、8社も外注先が増えました。

長い目で見れば、人材（財）育成は子供の頃からやっておく必要があります。そこで同社では、小中学校の工場見学を積極的に迎え入れています。およそ年間1200人の子供たちが、同社を訪れます。

高岡は鋳物の産地であるにもかかわらず、「鋳物の仕事は大変だ」という風潮があります。これでは鋳物産業に若者が入ってきません。そのような環境を何とかしたいとの思いから、能作社長は、小中学生の受け入れから親子見学会まで、地域や家庭の理解を得られるような努力を惜しまず、「鋳物の仕事には夢がある」とのメッセージを発信し続けているのです。

❖ 創業100年企業へ向けて、より魅力ある企業へ

ここまで順調に脱下請けを進めてきた同社ですが、既存の産地問屋との共存という問題は常について回りました。地元では、問屋からの下請仕事も並行して受注しているため、問屋の取り扱う商品以外の部分で、自社の販路を広げて行く必要がありました。

同社には、営業マンを置かないという方針がありますが、これも、産地問屋への配慮の現れの部分もあります。基本的に、展示会などで会った新規の相手には、高岡の問屋との付き合いがあるかどうかの確認をします。もしあるようなら、問屋を通してもらうように交渉し、取引がないところとだけ直接取引をします。

同社は、創業当時は仏具、茶道具、花器を中心に、近年ではテーブルウェアやインテリア商品、建築金物などを通じて伝統工芸品である高岡銅器の魅力を今に伝え続けています。現在では、デザイナーと手を組んでスズを使った介護用カトラリー（フォーク、ナイフ、スプーンなど）を、大学や介護施設からアドバイスを受けながら開発しています。また、曲がる金属、そして抗菌の上を行く滅菌性のある金属として、スズを使った医療機器の開発にも産官学との連携を通じて着手しています。

同社は90年以上の歴史のある会社です。近年の「能作」としてのブランドの確立によって、今後迎える創業100年の節目のときには、より一層魅力のある企業になりたいと考えています。そのような意味でも、現在進めている強いブランド力の確立は必要なことであり、このブランドイメージがなければ、ただ100年続いているだけの会社になってしまうのです。

どの製造業でもそうですが、商品の品質が良いのは当然のことです。そこに何かプラスアルファを加えることで、初めて商品は売れます。今まではその商品という「モノ」に地域性やエピソードである「コト」が加われば売れていきました。しかし、今の時代はそこに「ココロ」が加わって、初めてお客様に手にとってもらえると、能作社長は考えます。「モノ、コト、ココロ」。品質の良い確かな産地の商品に、職人の心を加えることで、その商品の魅了が一層増していくのです。

同社の持つ最高の技術を使って、長い歴史ある高岡で、確かな職人が心を込めたスズの鋳物をつくっている。このような製品づくりをこれからもしていきながら、同社が、世界に認められるブランドとして認知されるように、日々挑戦をし続けています。

❖ 地域が協力し合い、産地としてのブランド力を高める

以前から同社には営業マンはいませんでした。自社の技術が名刺代わりだったからです。さ

らに現在では、「能作」というブランドが自立してきており、基本的にはお客様側から店頭に足を運び、商品を買い求めるようになっています。店舗も、三越本店や銀座松屋本店、最近では皇居前のパレスホテルにも出店しています。こうした、いわゆる老舗デパートの名前もプラスされて、能作の製品のイメージやブランド力はますます上がっています。

商品開発においては、商品の動向はエンドユーザーに聞くより、実際に店舗で商品を売っている人の声を活かしています。その人たちからは、より広くお客様のニーズを聞き取ることができるからです。

素材とデザインにおいては、スズと他の素材を一緒に使用することはしません。あくまでもスズ１００％にこだわった商品を追求しています。商品のデザインも、最初は能作社長自身がしていましたが、現在では20人以上のデザイナーとロイヤリティ契約を交わしています。デザインというものは、その時代の背景を映し出します。より多くの感性を集めた方が、商品の魅力を増してくれると考えるからです。

同社の職人の年齢は、現在では平均29歳前後です。これは昔からの職人がリタイヤしていったためです。先日、最後まで頑張って働いてくれていた74歳の職人が辞めて、若返りが進み、現在では55歳が最古参の社員になりました。

社内には20代が最も多いのですが、これは、鋳物職人は技術の習得に時間がかかるため、先行投資的な意味合いもあります。20代の職人さんの層が厚いため、将来にも期待ができるのです。社内の雇用環境にも最善を尽くしており、定年は65歳ですが、自身がまだ働けると思う限りは社員として働くことができます。

それらの反面、将来的な問題としては、現在離職率がゼロのため、長いスパンで見ると社員の高齢化が進む恐れがあります。現在の社員の平均年齢は29歳ですが、無理に社員数を増やさないと決めているため、10年後には平均年齢は39歳になってしまいます。しかし、他分野への挑戦も視野に入れており、このような懸念は調整できると考えています。

また、現在までに海外の展示会への出店は、フランスで3年、中国で3年、今年はアメリカやドイツでも行っています。海外の展示会への出展は、やはり少しでも長く続けることが大切です。金属食器は海外が本場であるため、一流の会社や商品が集う場所で、世界に広められるブランドとして認知されなくてはなりません。そして、海外に同社が出ていくことによって、地元の高岡に海外の雰囲気を持ち帰ることもできます。今後は、最低でも10年は海外の展示会に出かけ、同社のブランド力をより一層強いものにしたいと考えています。

同業者が切磋琢磨して価格を下げる競争社会は、もう終わったのです。今後は地域の業者が協力し合い、産地としてのブランド力を高めて、外部に向けて発信する必要があるのです。

1　既存市場・既存製品で脱下請け化を実現した企業⑦

阪神・淡路大震災が教えてくれたこれからの進む道

万協製薬㈱
（外用薬製造業／三重県多気町）

同社は、外用薬（クリーム剤、軟膏剤、液剤）専門の受託メーカーです。顧客の問題を解決するサービス業「メディカル　スキンケアアウトソーシング　ソリューション　サービス」をミッションとし、スキンケアに特化した医薬品、医薬部外品、化粧品などを製造しています。開発提案も行っており、スキンケア商品のあらゆる形態の充填や包装が可能です。自社ブランドも製造していますが、事業の大半は、自社開発品のOEM製造（Original Equipment Manufacturer：相手先ブランド製造）や他社製品の受託製造です。また、現在は、製造プロセス提案や工程改善提案も実施し、開発提案型スタイルであるODM（Original Design Manufacturer）へと事業を発展させています。

同社は1960年の設立で、松浦信男氏（現社長）の父松浦太一氏（前社長）が創業したスキンケア商品メーカーです。もともとは神戸市で事業を行っていましたが、1995年の阪神・淡路大震災により工場が全壊し、従業員の全員解雇を余儀なくされました。その後、会社の再興を決意した松浦信男氏が社長となり、1996年、三重県多気町に本社工場を建設し、以来、外用剤の設備導入と工場増築を続け、現在に至っています。近年は、「地震に強い工場」「人が死なない工場」として、年間1000人を超える見学者を集めるまでになっています。

三重に移転したときは社員3人でのスタートでしたが、2015年現在、従業員数は130人、取引企業は約70社以上に増えています。

❖ スキンケア商品のあらゆる形態の受託が可能

現在の事業構成は、医薬品が92％（製剤受託86％、受託以外6％）、化粧品が8％となっています。製剤・包装の受託については、1997年の19％に始まり、近年は93％と受託比率を堅実に高めています。工場の建設当初より、スキンケア商品の製造のみを目的としたラインづくりに努めてきたため、今ではスキンケア商品のあらゆる形態の受託が可能となっています。

取引は、大手メジャー製薬会社から薬局のPB製品にまで拡大し、製品数についても、2015年3月現在で、受託医薬品200品目、自社承認医薬品743品目、医薬部外品34品目、化粧品40品目にまで広がっています。

❖ ゼロからの再スタートで新ビジネスモデルを構築

移転前の同社は、大手1社に対して商品を生産する、いわゆる下請工場でした。神戸時代より、松浦社長はことあるごとに松浦太一前社長に対し、1つの取引先に依存する経営は危険であると進言してきましたが、前社長に聞き入れてもらうことはできませんでした。

ビジネスモデル転換のきっかけは震災でした。工場が全壊し、従業員全員の解雇を余儀なくされました。しかも、たった1つしかない販売先からは何の援助も受けられず、松浦社長が危惧していたことが現実となりました。結果として取引先を失い、製造設備も大半が失われてしまいました。また、同社があった神戸市長田区は一定期間、特定規模の建物を新築することが禁止されたため、三重県で第二創業することとなりました。残ったものは製造ライン1台と、三重県への移転・工場買い取りや改装に伴い生じた2億円の借金だけでした。ビジネスチャンスを求めて、同社はあらゆる製薬会社に連絡をし、化粧品の検品を1個2円で行うところからスタートしましたが、移転当初は常に倒産の可能性が松浦社長の頭をよぎっていました。

新しいビジネスモデルを構築するきっかけは、移転した翌年にある取引先から、薬剤をフタ付きのプラスチック容器に充填してほしいとの依頼でした。同社には、薬剤をチューブに充填する製造ラインしかありませんでしたが、とにかく仕事が欲しかった松浦社長は、自らが機械の改造を行うことで依頼に対応しました。

震災以前の同社なら、機械がないと断っていたでしょう。しかし、これを機に、どんな容器に対してどんな充填でもこなせるようになるのが同社の進むべき道だと、松浦社長は確信しました。OEMという方向性に大きな希望を見出した瞬間でした。

また、震災の翌年に、松浦社長がアメリカの医療研修ツアーに参加し、患者中心の医療の仕組みやスキンケア製品が高い価格で売られているのをヒントに、「スキンケア製品分野で自ら工場・工程を持たない顧客会社への製品の提供サービス業」を行うビジネスモデルを考えついたことも契機となりました。

加えて、開発と製造の分離を進める薬事法改正もきっかけとなりました。医薬品製造の全面受託が解禁され、製薬会社が工場を持たなくても済むようになりました。同社には資金も設備もなく、また1社としか仕事をしてこなかったためブランド力もありませんでした。同社でマーケティングを実施し、自社ブランドの商品を市場に出すことは困難であったため、開発と製造だけに特化するという考えが後押しされました。

松浦社長は、震災が起こり工場や製造ラインを失わなければ、ＯＥＭという方向性にたどりつけなかったかもしれない、工場や製造ラインを失ったことが、結果的にイノベーションにつながったと言います。

❖ 専門性・効率性とドラッカーの教え

同社の再出発は、ほぼゼロからのスタートでしたが、従来の取引先のために提案・開発を行い、結果として販売に至らなかった医薬品、医薬部外品の承認（商品）リストが手元に残っていました。それはこれまで手がけてきた開発実績、言わば知的所有権です。当該リストを製薬会社へ持参し、売り込むことで最低限の利益を得ることはできました。

また、前社長は松浦社長の意見をまったく聞き入れないワンマン経営者だったため、前社長時代、松浦社長は10年以上やりたいことができませんでした。このため、松浦社長は常に、自分が社長ならばこうするなど、さまざまなシミュレーションを行っていました。振り返れば、前社長と確執があった長い期間も、アイデアを蓄えシミュレーションを行うのに必要なものでした。社長となってからは、承認リストや従来できなかった改善策や創意工夫を下地として、以下の体制整備を行っていきました。

①専門性の追求

現在、同社の取引企業は約80社あり、1社だけに頼らず、さまざまな仕事を引き受けています。震災時、1つしかなかった販売先から援助を受けられなかった経験から、常に利益とリスクの分散、そして専門性の追求を考えるようになりました。震災の被害を免れたラインが、スキンケアに関するラインだったことも、結果としてスキンケア製品への特化という選択と集中につながりました。また、同社がスキンケア商品以外はつくらないことで、取引先も主力商品の競合・脅威とならず、安心して同社へ製造委託する基盤ができました。そして、何より専門性を追及したことで、今の取引先は同社がなければ困るまでになっています。

②効率性の追求

OEMに徹するということは、取引先がやりたくない割高で面倒な商品を依頼される上、厳しい条件を提示されることが少なくありません。したがって、取引先からの依頼があれば、まず、どうしたら工程を最小限にし、コストカットができるかを考える必要があります。同時に田舎に立地し、人材も集まりにくい中で高品質を確保し、不良品を出すことを防止し続けなければならないため、人の技能に頼らず製造ラインを機械化する必要があります。

そこで同社は、最高品質の機械を購入し、不良品の可能性をゼロに近づけました。同時に機械をカスタマイズし、すべてのラインに汎用性を持たせ、容器や外箱を規格統一することで、他の商品の製造も可能にして効率性を高めました。

一方、医薬品は、人命に関わることもあり得ることから、納期や欠品を重視します。そこで急な注文に備え、取引先から安心してアウトソーシングしてもらうため、製造ラインの稼働率を30％以内に抑えています。製造ラインの稼働率を抑えるということは、一見するとコストが高く非効率と考えられます。しかし、積極的な設備投資をしながらも、同社の機械設備を顧客同士で共有し、機械への創意工夫や取引先へのプロセス提案を行い、効率性を高めることで、取引先1社単独で機械設備を導入し、製造するよりも安く済むという結果を生み出しています。

OEMに徹することで製造に特化でき、良い商品を安く提供することができるのです。機械化を推し進めながら、プロセス改善などの効率性を追求した結果、同社の売上総利益率は、15年以上続けて20％以上となっています。

③ドラッカーと経営品質

ピーター・ドラッカーの唱える、経営品質の考え方との出会いも非常に大きいものでした。松浦社長は15年ほど前、ドラッカーの本を読んで彼の考える経営品質に出会い、大企業も中小企業も人を使う仕組みに差はないと感じました。ドラッカーの教えをマネジメントの基本とすべきという考えの下、経営品質のフレームが組織のイノベーションや体制整備にとって最も有効なツールであると確信し、経営品質の導入を決定しました。

当時、取引先から厳しい条件を要求され続けていた社員たちが、このままでは自分たちは「奴隷」になってしまうと考えていたことも一因でした。社員に「誇り」と「自信」を持たせるため、経営品質を追求し、公的な賞を受賞することが必要だと考えたのです。

そうした経営品質への取り組みを推し進めた結果、独自の顧客対応・提案プロセスや製造工程の見直し、生産管理システムの精度向上、開発・製造現場での常態的なプロセス革新などが行われるようになり、２００９年度には日本経営品質賞（中小規模部門）を受賞するまでになりました。

❖ オリジナルの組織づくり・人材育成と営業方法

多様化する顧客ニーズに対応するためには、組織力を向上させると同時に、個人の能力を高めていくことが必要です。そこで経営品質の一環として、組織を率いていくリーダーを育てることができる組織づくりを目的として、見える化を前提としたさまざまな仕組みづくりを行いました。社員のパフォーマンスを試す「成果発表会」、社員の適性を見ながら、社員全員が数多くの仕事ができる多能工化を目指す「ジョブローテーション」、社員の能力向上やキャリアアップのため、仕事内容や評価項目を細かく「モジュール化」すると同時に、ジョブローテーションを行った社員もすぐ業務が行えるよう、仕事内容の「マニュアル化」を進めました。

また、社員の参加意識を高めるため、直接会社を変えることができる社長直行便などの「提案制度」、気づきや話し合いのできる組織にするため情報を共有化した「バンキョーイントラネット」、4～5人のグループを擬似家族とした「プチコミファミリー」を導入しました。他にも、従業員1人ひとりが楽しみながら成長できる環境を与えるため、さまざまな社内イベントや地域活性化イベントを実施し、社内にはマンガ4000冊や格闘技のリングまで置かれています。

展示会への参加や広告活動を行うことはあるものの、同社には営業マンがいません。同社で開発した商品サンプルは製薬会社にダイレクトメールを送付し、評価をしてもらっています。このダイレクトメールの送付が営業活動なのです。

良い商品をつくっているうちに、そのことが自然に口コミで広がり、取引先も同社を訪ねてくるようになります。そのため、商品そのものが営業活動と言っても過言ではありません。「本当にいいものは人に話したくなる」、と松浦社長は言います。

良い商品をつくるためには、開発が非常に重要ですが、同社は現在、既存顧客である取引先の意見を最大有効情報としています。取引先は、直接販売店や医療機関に接点があり、専門の企画・営業部門を持ちスタッフを抱えているからです。このため、オープンラボを中心として同社従業員が直接取引先と対話し、協働で製品の企画・開発・製造を行うプロセスを確立しました。取引先の声を重視することで、次に売れそうな商品の開発を早めるなどの方法も採ることができます。

❖ 強い仕組みをつくり上げたことが成功要因

現在の同社は、強い仕組みの下に成り立っています。しかし、その強い仕組みづくりを可能とする大切な2つの要素があります。

①松浦社長の信念・力

震災時に取引先からの支援を受けることができなかったこと、従業員が解雇に際し、「会社を立て直そう」と言い出してくれるのを期待していたにもかかわらず、誰も声を上げなかったこと、そうした苦い経験から、以前の同社は「誰にも必要とされていない会社だった」と痛感しました。松浦社長の中に、同社を「人に必要とされる会社」にするという強い信念が、そこで生まれました。

また、移転当初の3年間は、倒産の危機感と闘いながら、社長自らが開発、許可申請、製造、包装、出荷などすべての仕事をこなしながら経営を続けていました。こうした苦悩や経験をしたことから、経営者にとって大事なことは、従業員の成功を根気良く待つこと、従業員の失敗を引き受ける覚悟を持つことだとの考えに至りました。ある従業員は、「社長は、従業員1人ひとりを真剣に見ていてくれている。また、すごく人間的なものを感じさせてくれるため、つながりを感じられる」と言います。

こうした信念や覚悟から、会社が大きくなっていく過程で苦心した点はない、と松浦社長は言い切っています。経営とは仮説を立て、実験・実証を行い、結果を公式にしていく、この連続の結果であり、これを実行し続けた結果が、今の強い仕組みだというのです。

また、松浦社長は、ドラッカーの唱える経営品質をバックボーンとしながら、さまざまな施策を実行し続けてきました。震災経験から得た信念や考えを基礎として、施策の実行を可能にしているのが圧倒的な読書量です。あらゆる分野の書籍を読み、疑問に思うことは徹底的に追究しています。インタビューの最中も、経営理論、経済学、文学、絵画、映画、音楽、漫画など多岐にわたる話題に言及していました。豊富な読書量に裏打ちされた知識から導き出された施策、そして震災により痛みを知った社長の人間力が、強い組織づくりを可能にしました。

②組織風土

当初の運営は、経営品質をはじめとしてトップダウンで進められました。さまざまな仕組みを導入すれば、企業の組織力は高まるものの、制約や付随業務も増加するため、通常は従業員の抵抗や反発も起こりがちです。

しかし、同社は田舎に立地していることもあり、従業員のほとんどが地元出身者で構成されていました。そうしたこともあって、彼らは「企業とはこういうものだ」と自然に受け入れました。また、社長があるべき姿を示し、説明し、自ら実行し、手本となったことで、今ではジョブローテーションを代表例として、リーダーは自らが見本を示すことで、部下が同じことを行い、新たなことを乗り越えていく手助けをする役割を担っている、との意識が浸透しています。

前述した従業員はこのように言います。「社長が今の強い仕組みをつくり、レールを敷いてくれたので、社長がいなくなっても、レールを外れない限りわが社の社風は残り、倒産することはないのです」と。

最後に松浦社長は、将来的には既存の製品開発技術を活用しながら、海外へ販路を広げたり、自社ブランドの製品を開発販売したりすることにも挑戦したいと決意を語ってくれました。

［2］既存市場・新製品で脱下請け化を実現した企業①

マーケットの模索と成功ストーリーの構築で自立化を実現

㈱アイエイアイ

（小型ロボットの製造・販売／静岡市清水区）

同社は、静岡市清水区で小型産業用ロボットの開発・設計・製造・販売を行っている会社です。1976年、現社長の石田徹氏の父が、ある大手企業A社を定年退職して設立しました。会社の設立に際して、石田社長は父から会社に加わるように請われました。当時、石田社長は、東京の電気機器系の代理店に勤務し、化学プラントの設計・施工の仕事をしていました。仕事は面白く、働いていた会社を辞めるつもりはありませんでした。

当初は乗り気ではなかった石田社長ですが、何度も父親に説得されるにつれて、仮につぶれたとしても何とか生きていけるだろうと思うようになりました。そしてついに同社に参加することを決めました。石田社長が29歳のときです。

会社は当初4人でのスタートでした。工場も立派なものではありませんでした。自社製品もなく、売上の全部が下請けの仕事によるものでした。しかし、現在では社員数が801人（2015年4月現在）にまで増えました。

❖数多くの用途で使われる自社商品

同社で現在生産されている商品は小型の産業用ロボットで、自社商品率は90％です。自社で製品の開発・設計・製造・販売まですべてを行っています。

同社の製品は、自動化の進む自動車業界を中心に、電子部品、精密機器、家電、液晶・半導体業界をはじめ、食品・医薬品などさまざまな製造現場で活躍しています。移動、ピックアンドプレイス、塗布、ねじ締め、検査など、数多くの用途で使われています。

同社は同業他社に比べて内製の割合が高く、社内に十分に技術が蓄積されていることをうかがわせます。そのため、ロボットの生産性を決める機械・電気設計、そして使いやすさを決めるソフトウェアにおいて、画期的な製品を生み出すことができるのです。

顧客からは、「バリエーションが豊富で非常に使いやすい」「以前は他社のエアシリンダを使用していたが、最近はアイエイアイのロボシリンダをほぼ使用している」「他社と比べると、非常に楽に動かすことができる」「展示会でとんでもない動きをしているロボットを見て、いつもすごいと感心している」などの声が届いています。

❖ 会社同士が対等でないということ

同社は、大手企業A社の下請会社としてスタートしました。当時、A社への売上依存度はほぼ100%であったため、対等な立場にはありませんでした。

同社は、A社の製品を試験するための装置の設計製作を請け負っていました。石田社長がA社の担当者から試験装置の仕様を聞いて、見積りを出し、納期通りに製品を納めました。A社はその試験装置を用いて、自社商品の試験を行うのですが、後になって「ここをもっと改善してくれ」「追加で○○もしてくれ」などの要求をしてきます。人間の想定には限界があり、追加作業などは通常発生するものなので、それ自体は悪いことではありません。しかし、A社は追加作業分の代金を支払ってくれないことがたびたびありました。

石田社長が担当者に詰め寄っても、「今期は予算がないので支払えない」の一点張りです。

それではと来期になってから請求しても、担当者が変更になっているなどで、追加作業分については結局支払ってもらえないことが多々あったのです。石田社長は、このような下請けの悲哀を嫌というほど味わいました。

下請事業者であれ親事業者であれ、両者は本来対等であるべきであり、A社の担当者の態度はあってはならないことです。A社に本当にお金がないのならまだしも、A社は大企業です。このような大企業から下請企業への優越的地位の濫用が公然と行われていたのです。

創業以来、同社の規模は少しずつ大きくなっていきましたが、このようなことが重なって、業績は芳しくありませんでした。大赤字を出して、資金繰りに困ることもありました。父親の退職金も底を突き、銀行や親戚からお金を借りて何とか資金をつなぐこともありました。

石田社長の父は、A社に40年近く勤務していました。そのため、A社に愛着がありました。しかし、いくらこちら側に愛着があっても、A社は、同社のことをただ利用するのみです。石田社長は、思い切って方向転換・体質転換しないと、いつまで経ってもこの苦しい状態が続き、いずれは必ず倒産すると思いました。そして、ついにA社の下請けから決別する意志を固めました。

社員というのは今の役割や業務分担が変わることに対し、通常抵抗を示すものです。会社が安定しているときに、社長が脱下請けについての取り組みをいきなりやろうとすれば、抵抗は大きなものになります。組織改革には、社員の協力が不可欠ですが、社員の抵抗に怖気づいていては社長失格です。会社の将来を見据え、変革を起こすのは社長の仕事です。社長は脱下請けを決意したなら、焦らずに時間をかけて、計画的に脱下請けに取り組む必要があります。

しかし、同社の場合は会社の業績が悪く、危機的な状態にあったため、脱下請けは急務でした。「脱下請けのための長期計画を立ててから…」などと悠長なことを言っている場合ではありませんでした。とにかく、社員の生活を守るためにはA社以外からの売上を上げるしかなかったのです。

石田社長は、知人などのルートを頼って、何とか仕事を見つけてきました。3次元測定器のコントローラーの組立、製紙会社の検査装置の製造、冷凍食品解凍機の製造・据付など、会社の存続のためにできる仕事は何でもこなしていきました。

しかも、ただ仕事をこなすだけではなく、何とか受注した製品を一般化・標準化することによって自社商品を開発し、カタログで販売できないかと考えていました。石田社長は、脱下請けの糸口を探っていたのです。外注された仕事をこなしながら、少しずつ製品開発力や生産技術を社内に蓄積していきました。

❖自社商品第1号は順調だったが別の問題が発生

そうして仕事を広げていく過程で、ある大手企業から、自動車のリアランプの塗布機械をつくってくれないかという依頼がありました。その機械の仕様書を見て、一緒に同社を支えていた石田社長の弟が、「直交型ロボットを製作してみたらどうだろう?」とひらめきました。自動車のリアランプの塗布機械の機能をもっと一般化し、標準化すると、自動車だけでなくいろいろな分野の組立に汎用的に使えると思ったのです。

それを受けて1986年、同社は直交型ロボットを全国にカタログ販売する方針を立てました。新聞社に取材に来てもらったり、ファクトリーオートメーション(FA)関連の総合カタログの記事で取り上げてもらったりすることにより、注目を集めました。

当初は、個別の製造業からの注文を期待していたのですが、大手のFAメーカーからの反応が大きく、その営業担当者から「御社の製品をOEM販売させてくれ」との申し出がありました。同社から製品の供給を受けたFAメーカーは、自社ブランドでその製品を販売することができ、製造の委託を受けた同社は、相手先のブランドと販売力を活かして生産量を増やすことができます。当時はまだ販売力がなかったので、同社にとってはうれしいオファーでした。

同社はいくつかのFAメーカーの中から、最終的には全国に販売網を持っているB社と契約を結びました。製品の性能の良さとB社の販売力の相乗効果で、直交型ロボットはすごい勢いで売れました。それは、同社の経営を、わずか1年で黒字転換するまでになりました。

同社は、1990年には売上で約22億円、経常利益で約2億5000万円を計上するまでに発展しました。下請時代に味わった資金的な不安も完全に解消されました。また、それまで製造してきた製品を徐々にとりやめ、産業用ロボットに特化した専業メーカーとなりました。

一方で、全売上に占めるB社への売上が50%を超え、販売面に関するB社への依存度は高まるばかりでした。B社に何かあったら同社も大きく影響を受けます。それに、売上依存度が高まると、経営の根幹を他社に支配されてしまいます。「もう、おまえの会社と取引を中止するぞ」と言われたら、何も反抗できなくなります。過度の売上集中は絶対に回避すべきです。

当時の石田社長もそのように考えました。このままB社への依存を高めるべきではない、そこで石田社長は、海外の販売網は自分で構築しようと考え、単身アメリカに渡り、ロサンゼルスに販売会社を設立します。言語も習慣も違う国に単身で乗り込んで、販売網を構築することは非常に大変なことでした。日本で独自の販売網をゼロから構築するのも大変ですが、海外でそれをやるのは何倍も大変なはずです。しかし、それくらい自社で販売網を構築することを重要視していたのです。

同社の海外展開に際して、B社から、「海外でもB社ブランドで販売したい」と強い要求がありました。しかし、石田社長は、これに対し、「一社への売上依存度を高める経営は健全ではない」と毅然と断りました。

そして石田社長は、B社への売上依存を低くするための次なる改革を進めました。それは、新製品については、B社ブランドでの販売を行わないと言う方針です。顧客は、当然のことながら、購入するのは新製品の方がいいので、新製品を購入することができる同社と取引をしました。古い製品しか販売しないB社への売上は徐々に減少していきました。そして15年後、B社への売上はゼロになりました。

B社の力を借りないのならば、自分で自社製品を販売するしかありません。同社は、国内の販売網の構築にも乗り出します。1997年から立て続けに営業所を開設し、今では、全国25カ所に営業所を有するまでになりました。自前の営業所なら製品知識は十分だし、自社の製品だけを情熱を持ってセールスできるわけです。また、営業所をたくさんつくったことで、サービス面でも顧客に高い満足度を感じてもらうことが可能となり、売上はさらに増加しました。今ではすべて自社販売で、販売面でも脱依存を成し遂げています。

❖ 小型産業用ロボットの次のステップとは

同社は、こうして脱下請けに成功しましたが、まだまだ将来の基礎を築いたに過ぎず、社内

に蓄積した技術や資金を有効に利用して、次のステップを目指すことを考えています。決して現状に満足しているわけではないのです。

石田社長は、小型産業用ロボットの分野で、他の会社よりも製品や営業やサービスが格段に優れている会社にならなければおもしろくないと考えています。そのためには、会社はこれからも、知的に汗をかいていく必要があると言います。「汗をかく」というと、若い人は嫌がる人もいますが、仕事を通じて社員の知的好奇心を充足させ、社員の成長欲求を満たすことが、社員の幸せにつながると石田社長は信じています。

「頑張ったら頑張った分だけ人の役に立ち、喜んでもらえて、社会のためにもなる。その成果が実感できるのは本当におもしろいですよ」と話す姿からも、石田社長の信念がうかがえます。最後に、脱下請けで苦労している経営者にメッセージとして、石田社長から以下の言葉をもらいました。

「経営者は、新しいマーケットを探すべきです。10億円のマーケットを狙うのか、それとも100億円のマーケットを狙うのかによって変わってきますが、新しいこれからのマーケットは何かを常に考えることが大事です。それには、欧米諸国をはじめ世界中を自分の目で見て回って、世界の動きを肌で感じて、いろいろな刺激を受ける必要があります。また、セミナーを受けたり、本を読んだりしてたくさん勉強もする必要があります。次に、マーケットが見つかったら、これからの戦略を立てることです。それを売上や粗利や利益などの数字にブレークダウンできるようになるまで、ストーリーをつくり上げるのです。それまでの過程は、だいたいはすんなりといかないことが多いので、そこはもがくしかありません。しかし、『必ず新しいマーケットはある』、『必ずできる』と信じてやり続けることです。いつの時代も、人間はそうやって進化してきたのですから」。

石田社長は、これまでこの言葉を自分自身に言い聞かせてきたのでしょう。そして、今の同社をつくり上げたのです。

[2] 既存市場・新製品で脱下請け化を実現した企業②

ノウハウゼロから研究を重ね、サンキューレターが絶えない会社へ

徳武産業㈱
（ケアシューズ製造／香川県さぬき市）

同社は1957年に手袋縫製工場として創業し、現在はシルバーシューズ、リハビリシューズ、ユニバーサルデザインのシューズなどを主に製造しています。本社は香川県さぬき市にあり、2005年に東京営業所を開設しました。

1984年に十河孝男社長が同社を義父より受け継ぎ、社長に就任します。そして1995年、同社初の自社商品である、お年寄りが楽に履けて安全なケアシューズの第

1号「あゆみ」が発売になりました。

同社はケアシューズに対して、何のノウハウもなかったところから製品を立ち上げました。その際に大切にしたことは、お客様の声にひたすら耳を傾け、既製品ではできない対応、たとえば「片方だけ欲しい」などの、利益を考えると到底できない要望にも真摯に応えることでした。そして、高齢者や障害者の「不便」を解消できる靴を研究し続け、通信販売を中心に現在では600万足以上の販売実績を誇っています。

あゆみの発売以来、現在まで右肩上がりの売上高を続け、「日本でいちばん大切にしたい会社」や「四国でいちばん大切にしたい会社」などの多くの受賞歴を誇ります。従業員数は60人で、そのうち東京営業所には6人が勤務しています。

❖ あゆみ製作の動機とプロセス

あゆみをつくるきっかけになったのは、1993年の夏頃に、十河社長の知り合いの高齢者施設の園長から、「お年寄りの転倒が減らない」との相談を受けたことでした。床の環境整備をしても転倒が減らなかったため、転倒の原因は履物にあると思った園長が、高齢者施設で履ける適当な靴がないか調べたところ、ほとんどなかったと言うのです。園長は十河社長に、高齢者が安心して履けるルームシューズをつくってくれないかと依頼したのです。

そこから十河社長の奮闘が始まりました。まずは500人の高齢者に面接し、実際にどういう場面で困っているか、どのようなものが欲しいかを詳しく聞き出しました。そして研究を重ね、つまづきにくい靴の形を発見したのです。

1994年に、香川県地域産業技術改善補助制度で研究開発費の補助を受け、あゆみの開発にめどが立ちました。同年末には機械の契約をし、翌年1月末に本社工場に納品される予定でしたが、1月17日、阪神・淡路大震災が起こり、その影響で製造に必要な機械が入って来るのが遅れました。そして1995年5月、幾多の試練を乗り越えて、お年寄りに優しいあゆみの販売がスタートしました。しかし、自社ブランドを立ち上げたのはよかったのですが、売り先も売り方もわからずに、すべては手探りの状態からのスタートでした。

同社では、高齢者や障害者の1人ひとりの症状に合わせ、既製品では対応できない場合には、ベルトの長さや靴底の高さの調整も行います。また、ペア販売が当然という概念を打ち破り、左右別々のサイズでの注文も可能で、販売価格も抑えてあります。あゆみシューズは、今では感謝の手紙が絶えない商品となっています。

❖ 同社の仕事の推移

同社は手袋縫製工場として創業しましたが、手袋は防寒としての季節製品のため、また各ブランドの下請けだったこともあり、忙しいときはとても忙しく、仕事がないときはまったくないという不安定な操業でした。当時、同社の近隣一帯（現東かがわ市）では国内の手袋縫製業の90％以上を受け持ち、その数は６００社を数え、５００億円から６００億円の仕事を行っていましたが、現在残っているのは１００社程度です。人口も激減しています。

同社はこのような仕事の不安定さから、家庭用スリッパをつくり始め、その後旅行用スリッパを製作するようになりました。主な販売先は大手旅行会社でした。その後１９７４年に、縫製力を活かして、大手シューズメーカーのバレーシューズの製造を請け負いました。

その仕事では、厳しい商品管理と安い工賃を強いられました。学童用シューズであるため、サイズが14㎝くらいから20㎝超まであり、完成までの工程も16から17もありました。そのため、工程の組み直しのときには、必ず社内外ともに摩擦がありました。

生産性もサイズにより変化があり、縫製者がうまく縫えるサイズや箇所、うまく縫えないサイズや箇所がありました。公平性を保つために、ローテーションを組みながら製造していました。流れ作業なので、途中で誰かが体調が悪かったりすると、後の工程がストップしていました。それでも仕事は安定し、１９８４年には1日５０００足、月10万足あまりのバレーシューズを出荷するようになっていました。

あるとき、大手シューズメーカーがインドネシアと中国に工場を出すことになりました。当時、同社売上の70％を、この会社が占めていました。ラインで生産できる簡単な工程は海外へ、生産性の上がらない難しい工程は同社へと、仕事の棲み分けが次第にできてきました。そのため、シューズメーカーが海外に工場を出して2年後に、取引を停止したのです。

脱下請けの最初のきっかけは、こうした仕事の不安定さでした。手袋から始まり、スリッパ→旅行用スリッパ→バレーシューズ→OEMルームシューズ→ケアシューズと同社の仕事は推移し、売上の96％を占める現在の自社商品に至っているのです。

あゆみは1995年に販売を開始し、1996年、1997年と急成長を遂げ、生産が間に合わなくなり、かつての仲間の工場3、4件に協力依頼をするほどとなりました。

❖ 1人のおばあさんの言葉で奮起

何のノウハウもなかったケアシューズの研究から2年、いろいろな試作品が完成し始め、なんとか格好がつくようになった頃、同社の経営はひどい状態になっていました。1995年度の決算は売上が前年比30％減、2000万円の大赤字を計上しました。創業以来初めての赤字でした。社員への賞与も昇給もストップし、人間関係までもがギクシャクしてしまい、離職する人も少なくありませんでした。

あゆみの販売スタートは通信販売からでした。全国の老人施設の中から1500カ所にカタログを送付し、結果を待ちました。しかし、レスポンスがあったのはたったの3%でした。これでは採算が取れません。

そんな矢先、研究のときにお世話になった老人施設のイベントに参加した際、十河社長は赤い水玉模様のあゆみを履いて、シルバーカーをゆっくりゆっくり押しているおばあさんを見かけたのです。話しかけて使い心地を聞いて見ると、「左右のサイズが違う靴を上手につくってくれるので、私にピッタリや、死ぬ前に一度、水玉の靴を履いて歩いてみたかった、いつも足下に置いて寝とるよ」と言ってくれたのです。

十河社長はこれを聞いたとき、再度挑戦しようとアイデアを練り直したのです。そしてカタログを送った全国の老人施設に電話をしてみたところ、必要な人に必要なタイミングで説明をすればわかってもらえることがわかりました。

そこで、電話でのセールスをプロにお願いしたところ、レスポンス率が50%にまで高まりました。そしてそのうち30%の施設に、あゆみを利用してもらうことができたのです。

❖ あゆみと一緒に届けたいもの

「靴」はゴムと布でできており、無機質なものです。しかし、お年寄りに「何か暖かい気持ちを届けたい」と始めたのが、社員による手書きのメッセージカードでした。これによって、無機質なものが暖かさを感じられる有機質なものに変わるのです。

その他にも、商品に同封されたアンケートに返答いただいたお客様の誕生日に、社員のメッセージを添えたプレゼントを贈ります。このようなメッセージカードの書き方にマニュアルはなく、社員1人ひとりがお客様1人ひとりに向けて自分の言葉でお祝いを書きます。アンケートは、「お誕生日にささやかなプレゼントをしたい」との想いから始めたものでした。

あゆみは、靴という無機質な商品ではなく、人と人との心が通う、有機質な触れ合いから成る、サンキューレターの絶えない心温まるコミュニケーションなのです。

❖ あゆみを基幹にさまざまな商品展開を

同社の自社ブランド製品は、生産（つくる）・販売・企画・管理と4つの部門から構成されており、弱いところは強化していく必要があります。同社では経営計画書を年に1回発表し、社員と想いを共有します。社員全員（パートさんも含む）の名前と役割を書いており、5年前から毎月すべてのセクションでチェックすることにより、問題点を解決し、責任を持って対応することで成果が上がり、精度も高まりました。後継者育成も着々と進んでおり、数年後には代替わりすることがすでに伝えられています。同社は女性にとって働きやすい職場で、忙しいときは子供連れで働くこともできます。また、そうした社員をとても大切にします。

日本がますます高齢化していくことへの対応として、あゆみは対面、症状別の対応商品と位置づけ、２０１１年7月からは新製品をスタートさせました。それが「たんぽぽ」で、これは初期的なケアシューズとしての位置づけでの展開となっています。販売に対してのフォロー環境や次の世代へのビジネスの展開も視野に入れています。

現在、同社では製造そのものの拠点は中国に移しており、販売とのバランスを調整していますが、中国に根を生やすことはせず、人も資金もすべてを中国には置かないという考えです。製造の拠点は海外ですが、販売に関する拠点は日本で、現在販売拠点は１０００カ所にもなっています。これからは、お年寄りが手に取って買いやすい、ドラックストアやホームセンター、コンビニなどでの展開も必要と考えています。

「靴」は、ただの「靴」ではありません。現に、3年くらい歩行ができなかったおばあさんが、同社の靴を履いて歩けるようになったなどという話は、枚挙にいとまがありません。こうした物語を多く生み出している十河社長は、何がいちばん大切かと聞かれると、「家族がいちばん大切」だと言います。社員にもそう言います。

創業55年を迎えた今、同社は１００年企業を目指して計画を立て、実行しています。

［2］既存市場・新製品で脱下請け化を実現した企業③

仕事の「横請け」構造と、経営者と「同じ心」を持つ社員が会社を強くする

名古屋精密工業㈱
（機械部品の加工／愛知県小牧市）

同社は愛知県に本社を置く、機械部品の加工メーカーです。従業員は65人で、若手社員からベテラン社員まで和気あいあいと働いています。同社はこれまで映写機・印刷機などの精密製品から自動車部品、工作機械部品、エレベーター・エスカレーター部品などさまざまな機械部品の加工を行ってきました。

同社は1950年、今は亡き前会長の浅野登氏によって設立されました。創業60年を

超える老舗の機械加工メーカーです。戦前、浅野氏は三菱重工業で、航空機の製造技術者として働いていました。終戦直後、航空機の製造が禁止され、多くの仲間とともに三菱電機に転籍となりました。三菱電機では昇降機のエレベーター工場に配属されましたが、労務対策力を買われ、労働組合の役員として従事していました。その後、三菱電機を退職して独立した職場の先輩の紹介を受け、大手映写機メーカーの部品加工を請け負う形で、名古屋精密工業を設立しました。かつて在籍した三菱電機とは、60年経った今でも良い関係を続けています。現在は、ご高齢となった浅野氏から、現社長の宮田政雄氏に経営は受け継がれています。

❖ 下請構造が変わらなければ安定した経営は難しい

設立当初、同社は映写機メーカーE社の精密部品の機械加工を行っていました。その後、事業の拡大を狙って旧職場である三菱重工業の農機具や、航空機部品の機械加工なども請け負うようになりました。もともと技術者として活躍していた浅野氏は、機械加工が得意で、技術力も確かだったため、売上は順調に拡大していきました。1970年代には、三菱電機のエレベーター・エスカレーター部品や三菱重工業の自動車部品の加工も開始し、会社の規模はどんどん拡大していきました。さらに、1980年代には脱下請けを目指し、自社でグラビア輪転印刷機の開発・製造を始めました。機械加工技術をもとにして、いろいろな製品の部品加工を行ってきた同社ですが、そこにはさまざまな苦労がありました。

会社設立初期から、同社はE社の映写機・撮影機の部品加工を行ってきました。昭和中期まででは、映画という娯楽の大衆化の流れに乗り、映写機の市場は拡大していたため、同社への部品加工の依頼も順調に増加していきました。当時は、現在の2倍以上の社員を抱えて、E社からの注文に対応していました。しかし、時代の流れとともに昔ながらの映写機・撮影機の需要が減少し、E社からの受注は年々減少していく一方でした。会社設立初期からの取引先で、同社の依存度も高かったため、映写機市場の衰退は同社にとっても死活問題でした。

E社からの受注が減少する中、同社は売上の柱となる新たな取引先を模索していました。そこへ、かつて浅野氏が在籍し、継続的に部品加工の依頼をもらっていた三菱重工業関連の三菱自動車工業から大きな仕事の依頼がやってきました。自動車部品の加工依頼です。E社からの注文が減少していく中、すぐにでも三菱自動車工業からの依頼を受け、売上を安定させたいとの思いはありましたが、そこには乗り越えなければならない大きな壁があったのです。

それは、同社が自動車部品の加工を行うために必要な設備を持っていなかったということです。新たな設備の購入が必要ですが、その額は決して小さなものではありませんでした。それでも、今後の売上の柱をつくっていくために、銀行から多額の借金をして設備を購入し、自動車部品の加工を始めることを決意しました。会社の生き残りを賭けた大きな決断です。しかし、生産を開始して間もなく、下請企業としての宿命に悩まされることになりました。

自動車業界は非常に競争の激しい業界であるため、完成車メーカーは当初予定していた月産台数を変更することがたびたびありました。完成車メーカーと同社との間で一部品当たりの加工単価が決まっていたため、月産台数が増えて同社への発注が増えれば、ロットが大きくなり、同社の利幅は大きくなりました。しかし、予定月産台数は引き下げられる場合が多く、その影響でロットは小さくなり、同社の利益は圧迫されていきました。加工しても加工しても、利益がほとんど残らない状態が続いていました。下請けの同社はメーカーから言われた価格で、言われた通りに加工するだけで、メーカーと交渉する立場からはほど遠い存在でした。

❖ 初めての自社商品はグラビア輪転印刷機

自動車部品の加工事業が利益を生み出せない中、同社は自社ブランドの商品を開発する取り組みを開始します。脱下請けへの挑戦です。同社の技術力を結集して開発を行い、販売にこぎつけたのがグラビア輪転印刷機です。同社で初めての自社商品です。自社で製造から販売まで管理することで販売価格をコントロールし、利益を上げようと考えていました。取引先の都合に左右され、価格などの交渉力もない下請企業から脱することで利益率を高めようと目論んでいました。しかし、それはそう簡単にはいきませんでした。

印刷機は一台当たりの値段が高く、高いもので1億円ほどするものもありました。印刷会社にとっては決して安くない買い物です。一括で印刷機を購入できるほど体力のある会社は少なく、印刷機の販売は割賦販売が中心でした。しかも、印刷機を販売しても代金はすぐに回収できないため、資金繰りは悪化して行きました。また、しばしば貸倒れも発生し、経営は安定しませんでした。

さらに、印刷機の販売先は全国にまたがっていたため、保守点検の費用もかさみ、脱下請けに向けた取り組みはなかなか軌道に乗らなかったのです。

❖ 決断が難しい「損切り」で急場をしのぐ

ここまでを見ると、なぜ同社が生き残っているか不思議なくらいです。創業初期から主要事業だった、映写機・撮影機の部品加工事業が衰退。新たな柱にしようと取り組んだ自動車部品の加工事業も失敗。さらに、自社ブランドのグラビア輪転印刷機を開発・製造し、脱下請けを目指すも資金繰りの悪化で撤退を余儀なくされました。

なぜ失敗を重ねた同社が現在まで倒産することなく、生き残ることができたのでしょうか。

同社がこれまで倒産せずに生き残ってきた最大の要因、それは現会長の浅野氏が持つ撤退を決断する早さです。長年、取り組んできた事業であれば、経営者としての思い入れや取引先との関係があるため、赤字でも撤退する決断を下すまでに時間がかかります。まして、自社ブランドの商品を抱えていれば、なんとかして黒字化しようと意地になって継続してしまいがちです。しかし、市場自体が衰退していたり、そもそも利益の出るビジネスモデルでなかったりすれば、いくら努力しても利益は出ません。続ければ続けるほど赤字は膨らみ、やがて倒産という最悪の事態を招いてしまいます。

もちろん市場環境が変化したり、企業努力によってビジネスモデルを変えることができれば、利益を上げる体質に変えることはできます。しかし、多くの場合、一度縮小し始めた市場が回復することはなく、中小企業がビジネスモデルを変えることも容易ではありません。

その点で、浅野会長が賢明だったのは、赤字が膨らみ、利益が上がらない事業からはすぐに撤退を決断したことです。投資の世界の言葉を借りれば、まさに「損切り」です。株式などの投資の世界でも、「買う」という行為は比較的容易に決断できます。しかし、「売る」という行為、特に損が出ている状態で「売る」行為は非常に勇気がいる行為で、普通はなかなか決断できません。それは心の中で、「もしかしたら、いつか値上がりするかもしれない」との期待を抱いているからです。事業についても同様に、「いつか利益が出るかもしれない」という思いで、撤退に踏み切れない経営者は数多くいます。浅野会長がこのような思いで、撤退を決断できずにいたならば、同社はすでにこの世に存在しなかったかもしれません。

❖三菱電機稲沢製作所の一部門としての位置づけに

浅野会長の勇気ある損切りで、倒産という最悪の事態を招くことなく存続してきた同社の現在の主要事業は、三菱電機のエレベーター・エスカレーター部品の加工事業です。

下請企業では価格交渉力もなく、利益が上がらない…。脱下請けを目指して自社ブランドを開発・製造するも失敗…。そんな同社が、これまでの経験を踏まえて目指したものは、取引先企業の「横請け」企業になることでした。つまり、発注をもらう企業とパートナー関係を構築し、取引上は下請けであっても、対等な立場でお付き合いするということです。

もともと三菱電機は浅野会長が在籍していた会社でもあり、長年にわたって良い関係を続けてきました。現社長の宮田氏ももともとは三菱電機に在籍しており、浅野会長に請われて同社に入社した経緯があります。同社に入社して十数年経った今でも、宮田社長は三菱電機社内に多くの人脈を持っており、仕事をする上で深く関わっています。

しかし、人脈があるというだけでは、本当の意味の「横請け」企業ではありません。人脈があるから仕事がもらえて、言われたことをやっているだけでは決してパートナー関係とは言えないからです。

同社は三菱電機の真のパートナー企業となるために、相互依存関係を構築することを大切にしています。その1つの例として、長年培ってきた同社の加工技術をベースに、三菱電機と共同で車いす乗用のエスカレーターを開発しました。言われたことだけをこなすのではなく、こちらから提案する、これが本当の意味でのパートナー関係です。

すなわち、「受領図メーカー」ではなく、「承認図メーカー」になることが大切だと私は考えています。取引先の図面を「受領」して、言われるままの製品をつくるだけでは、下請けを脱することはできません。ときには、こちらが図面を作成し、取引先に「承認」してもらうような関係を築くことが大切です。

宮田社長は、同社のことを三菱電機稲沢製作所の一部門を担う存在として、「三菱電機稲沢製作所　名古屋精密課」と言っています。三菱電機とは別の会社ではなく、同じ会社の一部門であるくらい、なくてはならない存在になるとの思いを込めてそう呼んでいます。

❖「ヒト」「モノ」「カネ」「情報」全般にわたる同社の強み

同社が三菱電機にとって、なくてはならない会社になるためには、内部の経営資源が充実していることも重要な要素です。ここからは、4つの経営資源「ヒト・モノ・カネ・情報」に焦点を当てて見ていきます。

①「ヒト」

最初は「ヒト」です。まず、何よりも注目すべきは社員がほとんど辞めない点です。同社では毎年、高卒社員の採用を行っています。世間では、高卒の3年間の離職率が5割と言われる中、同社ではここ7、8年の間、1人の退職者も出ていません。それどころか、テレビゲームに慣れ親しんだ若い社員は、機械のプログラミングを覚えるのも早く、同社では重要な戦力になっています。

また、オープンな社風で、中途社員であっても、すぐに馴染めるような環境も1つの特徴です。宮田社長自身も他の企業から中途で入社しましたが、会長の人柄に惚れ込んだ社員が多く、すぐに会社に馴染むことができたと言います。

良い社風が醸成された背景には、同社が社員の自主性をとても大切にしていることが挙げられます。毎年、社員旅行を実施していますが、その計画を立てるのは社員です。会社が勝手に行き先を決めるのではなく、委員会をつくって、社員自ら行き先や段取りなどを考えています。会社から押しつけられたのではなく、自分たちが企画したものであるため、ほぼ全社員が社員旅行に参加します。「利益はまず社員に還元する」という浅野会長の考えの下で、働きやすい職場づくりと人材育成に努めてきたからこそ、現在の良い社風が築くことができたと宮田社長は指摘しています。

②「モノ」

2つ目は「モノ」です。同社では、設備投資を大切にしています。最新鋭かつ大型の設備を導入することで、他社と差別化を図っています。小さな設備で、どこの会社でもできるような加工では、差別化できず価格競争に陥ってしまいます。最新鋭かつ大型の設備を導入し、同社にしかできない加工を行うことで、価格競争に巻き込まれず、取引先に対して価格交渉力を持つことができます。

また、取引先の三菱電機が国内の投資を絞っていることも、同社が積極的に設備投資を行う1つの要因です。昨今のグローバル化により、三菱電機の投資は海外重視となっており、国内への設備投資は少なくなっているそうです。そのため、同社が最新鋭の設備を導入することで、三菱電機でできない部分を補うという関係づくりに注力しています。

③「カネ」

3つ目は「カネ」です。同社では創業以来、財務面における同族関係者の関与はありません。そのため、金銭に関して個人と会社の混同は皆無であり、決算書において取引銀行筋の信頼を得ています。また、常に宮田社長と財務担当役員が業況をウォッチすることで、設備投資などにおいて迅速な決断・対応を行い、堅実経営を目指し前進することを心がけています。

ここにも浅野会長の「社員を信頼し、任せるという信念」が表れていると言えます。

④「情報」

最後は「情報」です。昨今の変化の激しい時代において、三菱電機の製品も頻繁に改良が行われています。製品はどんどんコンパクト化し、使われる部品点数も減っています。そのため、同社で加工している部品自体がなくなったり、単純な部品に変更して内製化されたりする可能性があります。三菱電機とは良い関係を築けていますが、その状況に甘んじていてはいけないとの危機感を宮田社長は抱いています。そのため、いろいろな機会を通じて、三菱電機稲沢製作所の多くの職場に立ち寄り、情報を得ることが大切だと言います。常にアンテナを張って、必要であればこちらから提案するという姿勢が、同社が三菱電機の「横請け」企業であり続けるために必要なことだと宮田社長は考えています。

❖「企業は人なり」

「企業は人なり」という言葉は当たり前に使われています。しかし、それを本当に実践している企業はどれほどあるでしょうか。浅野会長はある雑誌のインタビューで、このように語っています。

「１人の力には限界があります。目標を定め、企業を成長させようとするとき、『同じ心』になってくれる人材が何人いるか、また育つかで企業は変わります」。

浅野会長は、会社人事の細部にまで口を出すことはありませんでした。財務面にしてもそうですが、人事でも社員を信頼し、仕事を任せていました。まさに「同じ心」を持った社員を育ててきたという自負の現れではないでしょうか。経営は浅野会長から宮田社長にバトンタッチしましたが、社員を大切にし、社員に任せる風土は今も同社に根づいています。経営者と「同じ心」になってくれる社員を多く育ててきたことが、同社が下請会社から脱することができた大きな要因と言えます。

［2］既存市場・新製品で脱下請け化を実現した企業④

「モノからコトへ」のシフトで価値を創造

中田工芸㈱

（木製ハンガー製造業／兵庫県豊岡市）

同社は木製ハンガーを製造・販売する会社で、現在、日本国内で一貫して木製ハンガーをつくっているのは同社だけです。従来は業務用ハンガー市場に向けて販売していましたが、現在は個人用ハンガー市場においても新たな価値を付加して販売を拡大しています。同社の創業は1946年、現社長の中田孝一氏の父である中田敏雄氏（以下先代）によって創業されました。先代が戦地から帰郷し、実家の雑貨商を継いでいたときに、ハンガー職人の森山清氏と出会ったことに始まります。二人は意気投合し、豊岡でハンガーをつくり、それを大阪や神戸のテーラーや百貨店へ行商するという製販一体型のビジネスモデルでスタートしました。

１９６０年代、経済発展による需要拡大のため、行商スタイルの販売では間に合わず、アパレル業界や百貨店にマネキン・什器を売る商社（以下、業者）を通じて販売するようになりました。つまり、製販一体型から製販分離型のビジネスモデルに移行したのです。１９８０年代のブランドブームの追い風もあり、１９９２年には社員数１２０人まで規模が拡大しました。

同年、先代から社長へと経営のバトンタッチが行われました。ちょうどバブル崩壊が始まった時期です。社長は平成大不況の荒波にもまれることになります。規模の拡大を目指す経営に行き詰まったのです。

１９９０年代、デフレ経済に対応するため、まずは国内工場をリストラし、生産拠点の一部を中国にシフトしました。次なる課題は、規模の拡大ではない新たなるビジョンを描くことです。社長はこのビジョンの策定に尽力し、「モノからコトへ」のシフトを決めたのです。これにより、個人用ハンガー市場の開拓、製販一体型ビジネスモデルへの原点回帰、インターネットによるＷｅｂ販売の展開などのイノベーションを起こし、現在は新たな成長軌道に乗っています。

❖ 業務用ハンガーと個人向けハンガーの特性の違い

同社の木製ハンガーは、創業時から十数年前までは業務用市場向けのみでした。業務用というのは、アパレル業界や百貨店業界において洋服を掛けるために使用されるものです。その後の2000年、製販一体型ビジネスモデルへの転換により、個人用市場に向けて販売を始めました。現在は、業務用と個人用の2つの市場に向けて販売しています。

まずは業務用ですが、この分野のハンガーを「中田工芸」ブランドとしています。このうち、定番商品であるものは「BS（BASICS）」シリーズとし、それ以外のものと区別しています。

アパレル業界には高級デザイナーズブランド向けのものがありますので、グレードの高いものは国内生産で対応し、廉価版は中国で生産して「BS」シリーズとしています。個人用は「NAKATA　HANGER」ブランドとしており、「NH」シリーズと「Authentic」シリーズがあります。「NH」シリーズは、最高の存在感と輝きを放つプレジデントクラスのハンガーで、3万円前後の価格帯の商品です。「Authentic」シリーズは幅広い目的に応じて選べる、利便性の高いハンガーで1000円台から10000円台の価格帯です。消費者が家庭で洋服を掛けるためだけに使うのでなく、結婚式の引き出物や小中学校の卒業記念品、社員表彰の記念品などの贈答品としても使われています。結婚式の引き出物としては、「服」を「福」にひっかけて「福かけ」とし、縁起物として利用されています。

なお、現在の売上高構成比は「中田工芸」ブランドが85％、「NAKATA HANGER」ブランドが15％となっており、徐々に「NAKATA HANGER」ブランドの比率が高まっています。

❖ビジネスモデルの変遷

前述したように、同社は製販一体型のビジネスモデルでスタートしました。その後、製販分離型のビジネスモデルに転換しましたが、業者の下請けになったというわけではありません。業者は同社の販売パートナーとして、価格交渉力などを維持しながら取引を拡大させてきたのです。

しかし、デフレ経済への移行により、製販分離型ビジネスモデルは価格競争になる一方でした。顧客ニーズが「品質・納期・価格」の順だったものが、「価格・納期・品質」に変わったのです。こうしたニーズに対応するには、生産拠点を海外に移転することを検討しなければなりません。これについては、従来からつき合いのあった台湾のハンガーメーカーの協力により、中国工場を稼働させることで対応しました。ただし、このビジネスモデルでは量的拡大を永久に追い求めなければなりません。

デフレ経済といっても、すべての商品価値が低下しているわけではありません。顧客ニーズが多様化しており、そこには新たな価値を生み出すチャンスがあるのです。そのため、中田社長は個人用ハンガー市場の開拓と、製販分離型から製販一体型ビジネスモデルへの原点回帰を決めたのです。これにより、お客様の声を直接聴けるようになり、すばやい対応だけではなく、木製ハンガーがつくるライフスタイル提案やデザイン提案などの、新たな価値を生み出すことができるようになったのです。

❖ ビジネスモデル転換のきっかけ

同社には木製ハンガーという確固たる自社商品がありましたので、このハンガーをつくる技術やノウハウをどのように活かし、価値を創造していくべきかが課題でした。

1997年、中田社長は中小企業大学校の講座で、法政大学の岡本義行教授による『海外に見るものづくり」～個性とネットワークで気を吐くイタリア中小企業～』というテーマの講義を受講し、価値観が転換するほどの刺激を受けました。

これにより、1998年から3年連続でイタリアの中小企業を視察し、さらに大きな刺激を受けることになります。この視察から「人真似はしない」「オリジナリティを持つ」「ファミリービジネスでいい」「規模の追求はしない」「美味しいものは少ない人数で分ける」など価値観を学んだのです。これが製販一体型ビジネスモデルへ原点回帰するきっかけになりました。

❖「モノからコトへ」のシフト

製販一体型ビジネスモデルへの転換により「モノからコトへ」のシフトが起り、新たな価値を生み出すことができるようになりました。たとえば前述したように、縁起物としての価値です。

消費者が家庭でハンガーを使う場合も、ハンガーを「単に洋服を掛ける道具」としてとらえるか、あるいは「洋服が帰る場所」としてとらえるかによってその価値が異なってきます。同社のカタログには、次のようなメッセージが掲載されています。

「洋服が帰る場所
人が帰る家があるように
洋服にも帰る場所があります。
季節の移ろいとともに
心を踊らせてくれる大切な洋服。

木のぬくものを感じながら
次の出番をここで待っています。」（同社カタログより転載）

洋服は、着ている時間よりハンガーに吊されて帰っている時間の方が長いのです。このように考えると、洋服の価値に見合った帰る場所を用意するという価値のとらえ方ができます。これにより、前述したような3万円を超えるハンガーが生まれてくるのです。

このように同社は、「モノからコトへ」のシフトによる発想で商品を生み出しており、これが成功要因の1つとなっているのです。

同社は、業務のIT化にも早くから取り組んでいます。1980年代には、オフコン（オフィスコンピューター）による生産管理システムを導入しました。

1990年代はマイクロソフト社のデータベースソフトウェアを使って自社でプログラミングし、オリジナルの生産管理システムを構築するほどでした。このようなITへの取り組みもビジネスモデルの転換と相まって功を奏しました。

1995年、マイクロソフト社の「Windows95」が登場したことにより、インターネットが急速に普及し始めました。社長はこの潮流を感じ、自作でホームページづくりにチャレンジするようになりました。その後2000年、ついにインターネット販売用のWebを立ち上げ、ユーザーに直接販売するようにしたのです。

しかし、当時はまだ業者向け売上がほぼ100％でした。業者担当の営業社員からはその影響を危惧する声もありました。そのため、Ｗｅｂに表示する名称は「Hanger-Network」とし「中田工芸」という名称が前面に出ないよう工夫しました。

このＷｅｂ販売による売上高は、初年度は1年間で150万円、翌年は350万円、その翌年は650万円とほぼ倍増していき、現在も順調に拡大しています。

❖ 東京・青山への出店と後継者の入社

このように、都心から離れた兵庫・豊岡でＷｅｂ販売に取り組んでいる最中の2007年2月、ある出来事が起こりました。

有名アパレル企業の社長が、プライベート旅行で豊岡を訪れるというのです。社長はコウノトリの郷公園や城崎温泉などの豊岡の観光名所とともに、自社の工場を案内することにしました。そして、この旅行には大手不動産会社の社員がたまたま同行していたのです。この出会いがきっかけとなり、この不動産会社が管理する青山ツインビルにショールームを出店することになったのです。

さらに同年、ニューヨークで仕事をしていた長男の中田修平氏から社長にメールがありました。日本に帰って同社で仕事をしたいと言うのです。ちょうど青山ショールームの話があったときで、ピッタリのタイミングでした。

このめぐり合わせにより、青山ショールームの立ち上げに当たっては修平氏が活躍しました。そして2007年7月、青山ショールームを開設することができたのです。

さらに2010年、新宿伊勢丹メンズ館で同社の商品を販売してくれることになりました。このきっかけは青山ショールームでした。伊勢丹の担当者が青山ショールームを訪れ、同社の「モノからコトへ」の考え方に共感してくれ、同社の商品を取り扱ってくれるようになったのです。

都心への出店効果はこれだけではありません。業務用ユーザーのメッカである青山に立地したことにより、市場からのニーズや情報がリアルタイムに入ってくるようになりました。これにより、業務用ユーザーとのコミュニケーションが高まり、より価値ある提案ができるようになったのです。

❖ 人との出会いを大切にする、気づきを得る、行動に移す

同社はイタリア中小企業から学んだことにより、「規模の拡大を追求するのではなく、ファミリービジネスとして継続する」という価値観を大切にするようになりました。これにより、

製販一体型ビジネスモデルへと原点回帰し、市場の多様なニーズをとらえて商品化するようになりました。

その成功要因は「モノからコトへ」のシフトです。この考え方により、競争相手のいない、いわゆるブルーオーシャン市場を開拓しています。このため、売上の拡大を求めなくても、顧客の声に耳を傾けていれば自然と売上が拡大する状況です。これにより、社長をはじめ社員1人ひとりがイキイキと働く社風になっており、今後のさらなる発展が期待されます。

また、事業承継についても、修平氏の入社により安心感が生まれています。修平氏は外国での留学や仕事の経験があるため、将来的にはグローバル市場での事業展開も期待されます。

同社の創業や事業転換の際には、必ず人との出会いがありました。先代と中田社長は、その出会いを大切にし、そこから得られた気づきを行動に移すことで、60年以上にもわたって事業を続けてきたのです。「人との出会いを大切にする。気づきを得る。行動に移す」という同社のDNAは、永続的な発展の必要条件と言えます。

[2] 既存市場・新製品で脱下請け化を実現した企業⑤

「新需要の積極的な開拓」と「品質・信用へのこだわり」が成功への道

メトロ電気工業㈱
（電気機械器具製造／愛知県安城市）

同社は元来、白熱電球のメーカーです。同社の前身の横浜電気工業㈱が設立されたのは1913年であり、現在の同社が設立されたのは1951年です。創業から102年、設立から64年ですが、創業当初から一貫して白熱電球の製造を続けています。しかし現在では、その管球製造技術を活かした関連商品が事業の中心となっています。

同社の売上構成は、暖房器事業約7割、管球事業約2割、その他約1割となっています。暖房器事業は、電気こたつ用ヒーターユニットなどの製造を行っています。管球事業は、一般照明用電球やカーボンヒーター管を製造しています。

同社の製造拠点は、愛知県安城市、島根県雲南市（2013年4月稼働）、中国、マレーシアにあり、中国工場（1995年進出）、マレーシア工場（2001年進出）では電気こたつ用ヒーターユニットを製造していますが、いずれも資本関係のない会社に製造を委託しています。愛知県安城市では、設計・開発、管球類の検査、特殊な産業用カーボンヒーター管やその応用商品である加熱器の製造を行っています。島根工場では業務用、工業用カーボンヒーター管と一般照明用電球の検査および梱包を行っています。中国工場の管球類製造設備はすべて同社からの貸与であり、委託先は製品を同社以外に販売していません。

❖一般照明用電球から特殊電球へ

同社の設立当初は、一般照明用の白熱電球の製造を行っていました。当時、田舎の一般家庭には積算電力計がなく、電力会社指定の電球の使用数に応じて電気料金が決まっていました。そのため、当時は電力会社が大口得意先でした。

その後、積算電力計の普及に伴い、大手家電メーカーが一般照明用電球を量産するようになり、一般照明用電球は家電メーカーの系列電気店で購入できるようになりました。同社は大手家電メーカーと比較すると販売力が劣るため、「このままではダメだ。一般照明用電球以外に転換するしかない」と判断し、特殊電球に特化するようになりました。

特殊電球は、大型電球から小型電球まで幅広く製造していました。大型電球としては集魚灯や舞台照明用電球、小型電球としては航空機用電球や電話交換器用電球などがありました。1970年代後半になると電子レンジが普及し始め、電子レンジの庫内灯電球も手がけました。

その前の1960年代には、赤外線やぐらこたつが急速に普及しました。そのような中、大手家電メーカーから赤外線やぐらこたつの熱源である、暖房用赤外線電球の製造依頼がありました。「暖房用赤外線電球は販売単価が高く、高付加価値企業になるチャンス!」と感じた同社は、暖房用赤外線電球の開発を開始し、何度も失敗を繰り返した後に、1963年に暖房用赤外線電球の開発に成功しました。暖房用赤外線電球のメーカーは大手3社と同社のみであり、中小企業の同社は価格競争力があったことで売上が大幅に拡大しました。なお、暖房用赤外線電球はその後需要が減少し、大手3社のOEM生産もしましたが、2002年におよそ40年間続けた製造を中止しています。

1970年代中ほどになると、家具調こたつが登場しました。家具調こたつは卓が主体であるため、家電メーカーより家具メーカーがメインになると考え、家具メーカーが簡単に取り付けることができるこたつ用ヒーターユニットの製造を1981年に開始しました。家具調こたつの浸透に伴い、こたつ用ヒーターユニットの販売は順調に推移しました。

❖電球の製造拠点として中国へ進出

1990年代前半のバブル崩壊により発生したデフレにより、家電業界は低価格競争が激しくなりました。それにより、電子レンジや冷蔵庫などの庫内灯電球を国内で製造し続けることが難しくなりました。そこで1995年に、中国浙江省で庫内灯電球の委託生産を開始することになったのです。

中国委託先の製造設備では、大手家電メーカーに納品できる品質の確保は困難と判断し、製造設備はすべて日本から貸与しました。主要材料は価格面から現地調達としましたが、日本で認められる品質ではありませんでした。そのため、苦渋の判断で当初は20～30万個以上の電球をやむなく廃棄していました。

そこで、「採算より品質だ！」の大号令の下で、最初の約2年間は採算度外視で日本から電球部品を送りました。その後、現地の部品メーカーは、徐々に日本の品質への理解が進み、部品の品質は向上しました。現在では大部分の部品を現地調達しています。

委託生産の対象製品は徐々に拡大し、現在ではミニクリプトン球、一般球など各種電球を中国で製造しています。なお、中国委託先には同社の資本は入っていません。当初は、中国委託先が同社の許可を得て中国の家電製造企業に製品を販売する場合はロイヤリティを収受していましたが、現在ではロイヤリティの収受は行っておらず、WIN-WINの関係を築いています。

❖ヒーターユニットの製造でマレーシアへ進出

家具調こたつはそれまで国内各地で製造されていましたが、市場価格の下落傾向に歯止めがかからなかったため、次第に東南アジア（マレーシアやインドネシア、ベトナム、タイなど）をはじめとした海外で製造されるようになりました。そのため、ヒーターユニットの海外販売の比率が次第に高まっていったのです。また、家具調こたつの市場価格の下落に伴い、ヒーターユニットの販売価格も低下傾向となり、徐々に採算性が悪化しました。そこで、当時マレーシアの家具メーカーへの販売が多かったことなどの理由から、2001年にマレーシアでの委託生産を開始しています。

当初は機能部品の品質が悪く、クレームが多発しました。最初の年は、7万件程度のクレームの電話があったほどです。これに対し当初、数年間は無償でクレームに対応したため、数億円のコストが発生しました。「このままでは会社の屋台骨が揺らぐ」と危惧する声もありましたが、この真摯な対応が功を奏し、またマレーシア製品の品質が次第に安定したことも相まって、市場から一定の評価を得るに至りました。そして、後発であったにもかかわらず、現在ではこたつ用ヒーターユニットの同社の市場シェアは8割程度を確保しているのです。

こたつ用ヒーターユニットは、基本的に冬季のみに販売される季節商品ですが、マレーシアの委託先は一年を通じて生産をしています。ただし、生産された製品を随時同社が購入しているわけではなく、在庫負担は同社とマレーシアの委託先で分担しているのです。

❖ 新たにヒーター管の製造を開始

1990年前半以降は家電業界の低迷に伴い、庫内灯電球の需要は低迷しました。そのため新たな収益源となる事業を模索していたところ、2002年、大手企業がヒーター管事業から撤退を決めた際に当該事業の人材と機械を引き受け、ヒーター管の製造を開始したのです。当初、製造したハロゲンヒーター管は電気ストーブ用として大ヒットしました。しかし、ブームは一過性に終わり、3～4年後には製造量は激減しました。

その後、2005年には、カーボン繊維を基材とした薄板を特殊加工したフィラメントを不活性ガスとともに石英管に封入した、カーボンヒーター管（同社商標では「ピュアタンヒーター」と呼んでいます）を開発しました。カーボンヒーター管は赤外線放射性能に優れ、立ち上がりが早く短時間で最高温度に達する特徴があります。また、カーボンヒーター管は、従来のハロゲンヒーター管と比較して20～30％熱効率が良いというメリットを持っています。

カーボンヒーター管は、暖房器用のみでなく業務用・工業用のさまざまな製品に使用されています。たとえば、焼鳥焼き器、鉄板焼き器、たい焼用焼き器の熱源や業務用調理機器、美容機器、塗装乾燥機などに使用されたり、液晶パネル洗浄工程で乾燥用熱源として使用されたりしています。

❖ 成功の要因

同社が成功した要因は以下の2点にまとめられます。

1つ目は、新たな需要を積極的に開拓したことです。白熱電球は今から136年前（1879年）にトーマス・エジソンが発明した製品であり、その後多くの改善により性能は飛躍的に進歩しましたが、材料・構造・製造方法などの基本的な技術は現在でも変わっていません。ハイテクではなく、ローテクと言っていい製品です。

そのようなローテク製品の製造が中心であるにもかかわらず、同社が永続しているのは、管球製造技術を基礎とした製品開発により、新たな需要を積極的に開拓しているためです。当初は一般照明用の白熱電球の製造を行っていましたが、大手家電メーカーの量産が始まると特殊用電球へ特化するようになりました。また、白熱電球の光源としての価値のみでなく、熱源としての価値に注目し、暖房用赤外線電球やこたつ用ヒーターユニット、ヒーター管、ハイパワー加熱器の製造へと展開してきました。今後もさまざまな業界にヒーター管の使用を提案し、需要を掘り起こしていく方針です。

2つ目は、一時的な損失には目もくれず、品質・信用にこだわってきたことです。中国に進出した当初は、日本で認められる品質の材料を現地で調達することが難しかったため、採算度外視で材料を日本から中国へ送り込みました。また、マレーシア進出当初は、品質の悪さに対するクレームに対し、数年間は無償で市場対応しました。これらのことが同社の品質と信用に寄与し、発展につながったことは間違いありません。

同社の企業理念に「光源・熱源及びこれらの関連商品を品質本位で創造・提供する」との文言があります。1つ目の成功要因は「創造・提供する」を、2つ目の成功要因は「品質本位」を追求し続けた結果と言えるでしょう。

❖ 加熱効果の優位性をアピール

現在の同社の主要製品は、こたつ用ヒーターユニットと照明用電球、ヒーター管、ハイパワー加熱器です。

2011年の東日本大震災により、国民に省エネ意識が浸透しており、省エネ暖房器であるこたつ用ヒーターユニットの需要は安定的に継続すると思われます。また、こたつは省エネのみならず、家族が1つのテーブルに集まることにより一家団欒につながるメリットもあります。そのため、新機種の投入などにより、さらなる強化を図っていく方針です。

また照明用電球は大手企業が製造から撤退

し、LED電球への転換を図っていることもあり、白熱電球の製造を継続する同社に対する需要は以前よりも増しています。中国委託先と連携を図り、増産を図る方針です。

ヒーター管は、加熱効果の優位性について多くの産業分野で認識され、さらなる需要増加が見込まれます。さらに、高出力で高効率のカーボンヒーター管を複数本使用した金型加熱器開発の成功により、自動車産業の製造工程などで行われているガス燃焼式の加熱方式から、安全で温度調節が容易かつ温度ムラが少ないなどメリットの多い、電熱式加熱方式への転換を積極的に提案していく方針です。さらに焼く、茹でる、炙る、揚げるなどの食品加工業界への応用も期待されています。

現時点では、民生用の製品は中国委託先で、業務用・工業用の小ロット多品種の製品は国内（愛知県安城市、島根県雲南市）で製造しています。島根県は活断層がなく地震が少ないことから、リスク対策としての第2工場という意味でも意義があります。また、中部地区では中小企業の人材確保は容易ではなく、島根県の優秀な人材を獲得する意味でも、島根工場の存在意義は決して小さいものではありません。

［3］新市場・既存製品で脱下請け化を実現した企業①

「異形状」へのこだわりで世界シェア60%を獲得

㈱片岡機械製作所

（ピストンリング加工専用機製造／愛知県岡崎市）

徳川家康生誕の地である愛知県岡崎市に、「異形状」をコンセプトにした技術力で、規模は小さいながら世界に冠たる工作機械メーカーがあります。ピストンリング加工専用機メーカーの片岡機械製作所です。ピストンリング加工専用機はニッチなマーケットであり、同社は世界で3社しかないメーカーの1つです。世界シェアは60%（推定）に達しています。

販売先は世界23カ国で、最近では売上の90％以上が海外向けです。同社で製造する、専用機でつくられるピストンリングは乗用車エンジン用をはじめ、草刈機やオートバイ用の小型のものから、トラックや建設機械、発電機などの中型、そして超大型建設機械・船舶や大型タンカー船用の超大型のものまであります。これだけ幅広いサイズのピストンリング加工専用機を製造しているのは、世界中で同社だけです。販売品目別では、ピストンリング加工専用機が売上の95％を占め、ほかにカムシャフト加工専用機、クランクシャフト加工専用機なども製造しています。

戦後まもなく、片岡昇三氏が創業した同社は、現在は昇三氏の三男である片岡勲社長に引き継がれており、ピストンリング加工専用機の分野において、そのアイデアと技術力で高いブランド力を有する存在となっています。

❖ ピストンリングとは

ピストンリングとは、乗用車などの心臓部であるエンジンに欠かせない重要なパーツで、エンジンの中で毎分数千回も往復運動するピストンとシリンダーの間に介在する部品です。乗用車エンジン用なら、直径８㎝足らずの小さなリングに過ぎません。しかし、この小さなリングの完成度こそが、エンジンの燃費や耐久性、静粛性、排ガスのクリーン度などを大きく左右する重要な部品なのです。

形状はリングといっても真円ではなく、自由状態では楕円で、1カ所が切れて隙間がありま す。真円に加工するのは簡単ですが、一部が切れていて、かつ均一な張力を安定して与える楕円形に加工するところに、ピストンリング加工専用機の独特の難しさがあります。

同社は「異形状」すなわち、変わった形を加工する機械の製造をコンセプトにしています。一般的な形状の加工機械では、必然的に他社と競合するため、量は確保できても最後は価格競争になります。同社では他社が嫌がる「異形状」を加工する機械をつくることで、価格競争を回避しているのです。

❖ 汎用的専用機で他社と差別化

同社の創業は1930年頃。創業者の片岡舁三氏は当時、大阪でコーヒー豆や砂糖の卸売事業を手がけていましたが、太平洋戦争の混乱の中で事業継続を断念。その後、知り合いの伝手をたどって愛知県岡崎市に移住し、1946年に小さな工具店を自宅で創業しました。

初めは工具販売や部品加工の下請けを手がけていましたが、その後、GHQの指令によって近隣にあった軍需工場が閉鎖され、軍需用工作機械が民間に払い下げになったのを契機に、そうした中古機械を買い受けてオーバーホールし、転売する事業を始めたのです。

舜三氏はこの事業で機械を扱うノウハウを積むと、1955年には新工場を建設。自社で工作機械を製造するようになりました。日本の産業振興に乗って事業は順調に拡大し、汎用旋盤メーカーとしての地位を固めていったのです。

しかし、舜三氏は徐々に危機感を覚えるようになりました。大隈鉄工（現オークマ）や山崎鉄工所（現ヤマザキマザック）、ワシノ機械（現アマダマシンツール）など事業内容が重なる大手と、同社のような小規模工場が正面から競っても、資金力、人財力、開発力、すべての面で大手にはかなうわけがないからです。このまま汎用機をつくっていたら、いつか大手の波に飲まれ破綻するのではないか。舜三氏の危機感は高まる一方でした。

一方で、大量生産の時代が始まろうとしていました。汎用機よりも生産効率が高く、品質を高度に均一化できる専用機の需要が高まっていたのです。そこで、考え出したのが汎用的専用機です。用途ごとに機能が変わる専用機は、汎用機に比べて市場規模が小さく、大手企業が進出しても採算が合いにくいのです。しかも、早く進出するほど技術の蓄積ができて有利です。同社はそれまでつくっていた汎用機をベースに、専用機の機能を付加した機械を開発するようになりました。専用機の需要は拡大しており、仕事はどんどん忙しくなっていきました。

❖ ピストンリング加工専用機への挑戦

そうした中、重要顧客であったピストンリングメーカーからある相談を持ちかけられました。それは「全自動で外径と内径を同時旋削できる加工機をつくらないか」というものでした。これまでのような半自動専用機ではなく、本格的な全自動専用機の開発です。

当時のピストンリング加工分野の全自動加工機に国産品はなく、主流はアメリカ製でした。生産性や加工品質では優れているものの、高価で使いにくいなど問題点があったのです。そしてコスト面からも国産化が望まれていたため、他社が挑戦しましたが、すでに開発を断念し撤退していたのです。

舁三氏がこれをチャンスととらえたことが、同社にとって1つ目のターニングポイントになりました。国産機はまだなかったため、一番乗りでライバルは皆無。その上、ピストンリング業界は専門性が高い上に、生産台数も寡少なニッチマーケットであり、採算面からも大手はまず進出してきません。うまくすれば、王者アメリカよりも優れた製品ができるかもしれない。舁三氏は決意を固め、社員へこの挑戦を宣言したのです。

ところが、舁三氏のやる気とは裏腹に、幹部社員たちからは猛反対の声が返ってきました。「今の仕事だけで忙しい」「他社が失敗したのに挑戦するのは危険」「今は十分儲かっている。

なぜ、わざわざうまくいくかどうか、わからないことに挑戦するのか」。

彼らの反対は無理もありませんでした。当時の業績は好調そのものだったからです。しかし、昇三氏はこう断言しました。「今だけ見れば、おまえたちの言い分ももっともや。せやけど、会社は10年、20年先のことまで考えないといかんのや。自動車はどんどん増えとるやろ。ピストンリングも大増産や。そうなったら、絶対に国産の専用機がたくさんいるようになる。そんときに始めたかて遅い。今しかないんや！」。

昇三氏は社員の反対を押し切って、全自動ピストンリング専用機の開発を決定したのです。まさに社運を賭けた一大決心でした。その決意の強さに、「仕方ないわ。社長が言うなら」と社員たちもあきらめ顔で従いました。昇三氏が言い出したら、絶対に最後までやり通すとみんな知っていたからです。

片岡社長は当時、従業員の立場でこのやりとりをつぶさに見ていましたが、会社が変革するときには必ずしも合意は必要ないと言います。会社の変革は、社員に大きなプレッシャーとなるため、当然ながら反対に遭います。経営者として重要なことは、社員からの反対意見に対して、きちんと論拠を持って説得できることにあると考えています。

❖ 納品した製品に発せられたひと言が転機に

とはいっても、同社の開発は手探りで、何度も壁にぶつかり、思い切って発注元であるメーカーの技術者に相談することもありました。そして1969年、苦心の末に第1号機がついに完成しました。国産初の全自動ピストンリング加工専用機の完成です。同機は国内メーカーに高く評価され、以後、同社はピストンリング加工専用機メーカーとして納入実績を積み、信頼を得ていくことになります。

そして1975年頃、当時技術者であった片岡社長は、安さを武器に自動車産業王国であるアメリカへの売り込みを開始します。しかし、同社の機械はアメリカ製の既存製品と同じ機能しか持っていなかったため、アメリカのメーカーからは「安かろう悪かろう」のイメージでとらえられて冷ややかな目で見られ、売り込みは不調に終わったのです。

ある日、片岡社長が技術者として、販売先である国内メーカーにピストンリング加工専用機を納入したときのこと。新しい機械が納入されたのでひと目見ようと、工場の人たちが集まってきました。そのとき、後ろの方から「せっかく自動化したのに、なぜ1本ずつしか加工しないのだろうか」と言う何気ないひと言が聞こえてきたのです。同社の自動機は1本加工でした。これは当時の最先端だったアメリカ製の機械が1本加工だったため、それに倣ったものでした。

片岡社長はハッとしました。これが、同社にとって2つ目のターニングポイントになりました。会社に帰って報告をすると、社内でも同様の反応があり、同社は3本加工が可能なマルチ加工機の開発に着手しました。3本加工にマイナーチェンジすることで、コストは1・5倍程度で生産性は3倍になります。これにより、アメリカ製の製品にも負けない性能の加工機が実現します。

マルチ加工機の開発に成功した同社は、片岡社長が再び渡米しました。1980年のことです。すると、「3本加工ができるのならチャンスをあげよう。サンプルを渡すからトライ加工して欲しい」との回答をもらうことができたのです。

すでに開発は済んでおり、トライは当然うまくいきました。マルチ加工機は大いに注目され、ついにアメリカ初輸出を果たすことに成功しました。それがきっかけとなり、イギリス、アメリカ、イタリア、フランスなど、世界各国のピストンリングメーカーから次々と引き合いが来ました。マルチ加工機は、爆発的なヒットを記録したのです。

❖ CNC化によって業界の常識を変える

同社は1983年に、ピストンリング業界で初めてCNCを導入しました。CNCとは、コンピューターを用いた数値制御装置のことです。当時、業界ではコンピューターを使わない機械が主流でしたが、ピストンリングに求められる品質と外径形状が高度化する中、CNCの導入は急務だったのです。

同社では汎用機をつくっていたときからCNCを使用していたため、CNCのノウハウを積んでいました。同社はピストンリング加工専用機もCNC化しようと試みますが、業界は新技術に消極的であり、なかなか採用に至りませんでした。しかし、ある大手メーカーの系列企業でCNC加工機の提案をしたときのことです。この系列企業は利益率や品質の面で苦労している会社で、CNCの提案に興味を示しました。問題は、CNCでは従来機よりも値段が高くなることでした。欲しい、でも高い。何とか従来と同じ金額で売ってもらえないか。先方も必死でした。

片岡社長は悩んだ末に、3台を同時に注文してもらうことを提案しました。1台の販売では採算が合わなくても、3台の注文をもらえればそれほど赤字にならずに済むとの計算でした。この提案は受け入れられ、CNC加工機の第1号を製造することができました。このCNC加工機は、やがてその系列企業を見た大手メーカーの興味も引くことになりました。その後は業界内でのCNC化が急速に進み、今やCNCが当たり前になっています。

❖「ひるむことのない開発」で前進

同社の一番の強みについて、片岡社長は「ひるむことのない開発」であると言います。同社では、顧客の要求を100％ではなくとも、ほぼ実現しています。エンジンもパーツも常に進化しています。発展途上国メーカーの追い上げによって、先進国メーカーではこれまで以上に投資効率を上げることが求められています。昨今の開発要求では、工程の統合が大きなテーマとなっており、今までは考えられなかったような要求が来ることもあります。それに対して、「できません」ではなく、「あそこへ行けば何とかしてくれる」と頼られる存在になることが重要と考えています。

創業者がピストンリングへの特化を明確にしていたため、「片岡へ行けばまず断らない」と、業界内では評判になっていました。同社はクライアントによって要求条件が違う加工機械をその都度対応していくことによって、ノウハウを蓄積してきました。結果的に、あらゆるサイズのあらゆる工程、あらゆるジャンルのピストンリング加工専用機をつくることが可能になったのです。

同社の開発力の源泉は、決して個人の力ではなく、会社としての経験と実績から来ています。同社はピストンリング加工専用機への特化を決定して以来、40年以上にわたって顧客ニー

ズに応え続けてきました。この経験と実績が、競合企業との差別化につながっていることは間違いありません。

❖居心地の良い会社をつくり世界で役立つ

同社は「ひるむことのない開発」によって、業界において高いブランド力を有する存在となりました。しかし、これまでにないモノをつくる開発は、必ずしも順調に進んできたわけではありません。想定通りに開発が進まないことや、難易度が高い案件もあります。開発以外の実務にも追われます。こうした中で、開発を進めていく技術者には、常にプレッシャーにさらされ、「失敗したらどうしよう」という不安がのしかかります。

片岡社長は、自身が技術者だった経験から、こうした社員の気持ちがよくわかります。そのため、「挑戦してみよう。お客様がやってくれと言っている。仮に失敗しても、私がすべての責任をとる」と、社員が前向きに開発に取り組めるように日頃からメッセージを発信しているのです。

同社では社員がやりがいと責任感を持って仕事に取り組めるように、経営の透明化を図っています。会社の売上高や利益、受注残高、引き合い案件や年間の業績予測などの経営情報は定期的に開示しており、この取り組みは15年ほど前から実施しています。また、決算時には業績に応じた配分をするため、決算賞与を支給しています。

片岡社長は経営の透明化の効果について、従業員の猜疑心がなくなり、安心して仕事に打ち込むようになったと言います。また、経営者と従業員の信頼関係には、「経営者が自分たちのことをきちんと考えてくれている」と従業員に思ってもらうことが重要と考えています。

同社の経営理念は、「居心地の良い会社をつくり世界に役立つ仕事をする」というものです。開発型企業である同社は、常に新しい挑戦を続けなければなりません。そこにはやりがいがある一方、経験がないものに取り組むプレッシャーがあります。同社は居心地の良い会社づくりによって、常に新しいことに前向きに挑戦していく社風をつくっているのです。

［4］新市場・新製品で脱下請け化を実現した企業①

母への優しさから生まれた、クリアな音声が生み出す明るい生活

㈱伊吹電子

（電子機器製造販売／川崎市高津区）

同社は1972年、現社長の松田正雄氏が結婚したことをきっかけに、当時勤めていた関西系の電子機器メーカーを退職して設立しました。電子機器メーカーで得た技術と知識を活かし、電機メーカーの下請けとしてプリント基板製作や実装、電子機器の組立などを行っていましたが、15年ほど前から電子機器の仕事が海外に流出し始め、仕事量が激減しました。

ちょうどその頃に起きた出来事がきっかけで、同社は自社商品を開発することになります。同時期に神奈川県や川崎市などの行政が、仕事の海外流出や悪化する経済事情による下請業の厳しさから脱する対策を強化し始めたことも、追い風となりました。

現在は、特殊な仕事を含めて受注をしており、下請特有の売上の波はありますが、順調に業績を伸ばしています。現在、正規と非正規合わせて20人の従業員がおり、20〜30歳代の若い社員がいる一方で、勤続年数が20〜30年と長い社員も多いため、平均年齢は50歳と高くなっています。

❖ 音声増幅器の使命

同社で現在生産している自社商品は「音声増幅器」で、いわゆる耳の聞こえが悪い人が使用する補聴器の役割を果たす商品です。販売開始から15年間で、形や大きさなど使用する状況に合わせた商品や、鼓膜が悪い人用に骨伝導で音が聞こえる商品も販売し始め、バリエーションも6種類に増えました。

以前から流通している一般的な補聴器は値段が高く、耳の穴に入れるように小さくつくってあるため、音量調整ノブが小さく調整しづらい欠点があります。また、小さな電池を毎日交換しなければならないなど、近くのものは見えにくく、手先も上手く動かなくなった高齢者が使うには適当とは言えませんでした。さらには、故障もたびたび起こります。

その点、同社で生産している商品は、ペンダントサイズから携帯電話サイズまでバリエーション豊富で、音量調整もしやすく、電源のオンオフも製品を持つだけでできるように工夫されています。そのほかにも、電池のもちが良い、故障が少ない、音質が良く、高齢者が聞こえる周波数を主に拾えるよう、余分な雑音をカットする仕組みになっていて聞きやすいなどの特徴があります。そして、何より値段がリーズナブルに設定してあります。

同社の売上高に占める自社商品比率は40％です。創業時から約25年間は１００％下請商品を扱っていましたが、自社商品第1号を開発・販売し始めてからは2・3号機と新商品も送り出し、現在まで着実に自社商品比率を伸ばした結果、40％の比率まで高めてきました。

❖「脱下請け」とは別の目的が、同社を脱下請けへと向かわせることに

こうした優れた自社商品を開発した同社ですが、その目的は「脱下請け」ではありませんでした。同社ではむしろ、下請けの仕事は非常に重要と考えています。そんな同社が自社商品を開発するに至ったのには、あるエピソードがあります。

滋賀県出身の松田社長は実家を離れ、神奈川県で同社を創業し経営していました。そんなある日、実家の母親が転倒し、打ち所が悪かったのか耳が不自由になってしまったのです。それ

を機に、次第に家族との会話が減り、親子の意思疎通すらままならなくなった状況に、松田社長は愕然とします。「もっと母と話がしたい。以前のように母に自由に話をしたり聞いたりしてほしい」。松田社長は、医者を探すのがよいか、機器を買うのがよいかと考えた末に、自分が母の使いやすい、聞こえを助ける機械をつくればよいとの結論にたどり着きました。

松田社長の母親は、当時あった補聴器は使いませんでした。前述したような欠点に耐えられなかったからです。そのことも、松田社長の「私自身がつくって、母が気楽に使ってくれるようなものをつくり出してみよう」との意欲につながったのです。

そんなある日、「耳に入れて使うものではなく、音を増幅させるスピーカーのような機器がよいのではないか！」と松田社長はひらめきます。そこで、本業で使っている得意分野のプリント基板にスピーカーと電源を備えた簡単な試作品をつくり、母親の耳に当てて呼びかけてみたところ「おぉ、よぅ聞こえるで！」とお国訛りの嬉しそうな母親の弾んだ声が聞こえてきました。松田社長は、これまで通りの母親との会話が帰ってきたこと、母親の声が弾んでいたことに目頭が熱くなりました。

それから本格的に試作機、そして汎用機の開発に乗り出しました。ところが、製品の完成を待つことなく、1998年3月に母親が他界します。享年99歳でした。この機械を使わせてやりたかった、おしゃべりな母がもっと喜ぶところが見たかった、そんな思いに駆られつつ開発を進め、翌年1号機が完成しました。

「クリアーボイス」と名づけられた商品化第1号機は、その産みの親である松田社長母親の仏前に供えられました。松田社長は、「毎日、仏壇に手を合わせるたびにクリアーボイスを思いつき、開発に余念のなかった頃のことを思い出します。私にとっても会社にとってもこの商品は大きな転機をつくってくれました。天から母が励ましてくれているような気がします」と話します。

最初に製作した試作機は、ダンボールの箱の中に小型マイクと再生用の小型スピーカーを入れたものでしたが、使いやすい大きさと重さを決定するのに、大きさと能力の兼ね合いをどうするかの問題に何度もぶつかりました。そこで参考になったのは、開発当時爆発的に普及してきた携帯電話でした。移動電話などの名称で呼ばれた開発当初のものは巨大で重く、とても携帯することなど考えられなかったものが、数年間でポケットに入れているのをすっかり忘れるほどに小型化していました。

そこで、目標は携帯電話のサイズを超えないことに絞られました。小さな筐体に基板、電池、スピーカー、スイッチを取り付けただけの簡単なつくりで、スイッチを工夫し、握ればオン、離すと自動でオフになる構造にしました。「声を聞きたいとき耳元に持っていけばすでに電源が入っている」という、誰でも違和感なくスムーズに使える仕組みを目指したのです。

さっそく試作品を近所の人や親戚の人に使ってもらったところ、「こんなものが欲しかった」「これなら買いたい」などと高評価を得ました。矢継ぎ早に2号機、3号機と試作を進めましたが金型は使わず、既存の使用しなくなった携帯電話を譲り受けて流用するなどして、極力低コストで開発を行いました。その後、数々の試行錯誤の結果として1999年、クリアーボイスを初めて世に送り出すことになったのです。

❖ マスコミで紹介されたことで販路が広がる

初代のクリアーボイスを製作するに当たり、携帯電話のような形状をつくるためには、非常に高価な金型を製作し、1ロットで1000個という数を生産しなければなりませんでした。高価な金型制作費と1000個の製品在庫。販売先の宛てもなかった同社はこれをどのように売っていくか答えが出ないままでした。しかしそんなとき、朝日新聞がクリアーボイスに注目して、記事に取り上げてくれたのです。また中日新聞では、滋賀県出身で頑張っている会社があると同社を取り上げてくれました。

そうこうするうちにテレビにも取り上げられ、クリアーボイスは知名度を上げ、徐々に売上を伸ばしていきました。東急ハンズからも「ぜひ商品を扱いたい」との申し入れがあり、店頭での販売も開始されました。

また、同社が所在している川崎市が福祉関係に力を入れていることもあり、市役所の窓口に老眼鏡と並んでクリアーボイスを置いてくれたり、敬老の日のプレゼントにしてくれたり、川崎市としても推薦できる商品であると、起業家ビジネスアイデアグランプリ大賞など数々の表彰をしてくれたのです。

行政は横のつながりがあるため、各地の行政窓口にも置かれることになりました。金融機関である川崎信用金庫が窓口に置くようになり、その波は、城南信用金庫や武蔵野信用金庫、三井住友銀行などと全国に広まっていきました。

金融機関の窓口でクリアーボイスの販売は行っていませんが、使用したお客様からの同社への問合せで、販売するケースも少なくありません。その他にも、川崎市が推奨する展示会に出展したところ、最近では中国の人が大量に買って帰ったり、上海市、安徽省、台湾との取引が開始されたりと、海外での需要も高まってきています。

クリアーボイスは川崎市から全国へ、そして世界へと広がっていき、販売開始から右肩上がりに売上台数を伸ばし続け、現在はシリーズ累計13万台を販売するに至っています。

❖ 下請けと自社商品のバランスを大切に

「下請工場というものは波が激しく、突然ラインが停止になったり、取引が停止になったりしたこともあります。しかし、それを苦労と思わずばねにしてきたことで、今日があると思います」と松田社長が話すように、一般的な下請けという仕事は、大変で苦労する面もたくさんあるかもしれませんが、同社では非常に大事にされています。下請けの仕事があったからこそ、一商品の平均が1000万円かかる開発が可能になったと考えるからです。また、松田社長は下請けと自社商品の売上比率にも注意しており、6割が下請け、残り4割が自社商品というバランスが最適と考え、それを崩さないようにしています。

「これまでわが社は下請けが中心でしたが、母への想いがきっかけとなり、クリアーボイスが生まれ、メーカーとしての脱皮を果たすことができました。このように、お客様が見える最終商品を持つこともでき、モノづくりの楽しさをひしひしと感じています。これからも、医療機器や介護関係の製品開発にチャレンジしていきたいと思います」と松田社長は言います。そして、今後は団塊の世代が次々と高齢化していく時代です。身体は元気でも、耳の老化により難聴になる人は増えるでしょう。そのような人たちの力になり、老後を明るく過ごせるお手伝いをすることは、ますます重要になっていきます。

商品開発が趣味になったと語る松田社長は、今後も耳の不自由な人たちのために、そうした人々が増える社会のニーズに合った新たな商品開発を進めたい、と意欲にあふれています。

[4] 新市場・新製品で脱下請け化を実現した企業②

宇宙からの贈り物とともに、地域になくてはならない福祉サービス業へ

㈱パーソナルアシスタント青空

（児童デイサービス／愛媛県松山市）

同社は、創業者の佐伯英三氏が銀行を脱サラして1975年に故郷で事業を起こしたことが始まりです。当初の社名は㈲佐伯電器であり、大手家電メーカーを中心とした下請けとして基板の加工や部品の組立を主要事業にしていました。高度成長期ということもあり、事業は順調な成長をしていきました。1980年に玩具メーカーが家庭用ゲーム機器の販売をして空前のブームが起き、同社も玩具メーカーからの発注が増

加していきました。立場としては2次下請けというポジションでした。安定した供給体制を望む1次下請会社から独占契約を迫られ、やむなく100%の依存体制となっていきました。最盛期には正社員10人、パート社員が70人、外部の内職協力者が300人を超える体制にまで拡大し、売上高も関連グループ企業あわせて15億円規模にまでになりました。

❖ 基板加工の仕事に陰りが現れる

順調に推移していた事業ですが、1999年前後から陰りが見え始めます。親企業が中国などへ工場進出をし始めるとコストダウンの要請が徐々に強まり、あるとき、いきなり3分の1にコストカットせよとの途方もない要請が届きました。

それからは七転八倒の経営が始まります。生産量が3分の1に減少してしまったのです。1987年から仕事を手伝い、途中音楽活動で会社を抜けたものの1997年から本格的に役員（専務・工場長）として経営に参画した創業者の子息、佐伯康人氏は当時を回想します。「父は人をきることができない人間でした。特に母子家庭の社員を守ることに必死で、1人も辞めさせてはならないと覚悟を決めていました」

しかし、受注減は留まることなくどんどん貯蓄が減り、赤字が膨らんでいきました。親会社が進出した中国で問題があると、一時的に受注が増えることがありましたが、こんなことでは持続しないと脱下請けの方向性を模索し始めます。

❖ 人生のすべてを変えるほどの大きな出来事

そんなまさに会社が危機的状況のとき、佐伯家に想像を絶する事態が発生します。2000年6月、待望の子宝に恵まれるのですが、不妊治療の末にやっと授かった三つ子の赤ちゃんは、出産時に酸欠状態に陥ったことから3人とも脳性まひを起こし、生まれながらに重い障害を持ってしまったのです。

佐伯康人氏は、ここで決意します。仕事より命だと考え、会社を休職しリハビリや脳や身体のこと、理学療法、作業療法などを大変な子育てをする傍らで学び続けて行きました。多くのボランティアにも支えられ、障がい児童の子育てノウハウを確立させていきました。しかし、当時の福祉政策は措置制度の時代で、社会の無理解や無配慮な制度に唇をかみしめる日々が続いたそうです。そうした中で、たくさんの障害のある子供たちを見て、両親、特に母親の悩みや苦悩に真正面から触れていきます。

子供たちが誕生して2年が経ち、会社での経営活動を再開する目途が立ち始めますが、どうしても現業に戻る気になれなかったそうです。異常な短納期、し烈な価格競争、思い出すだけでの非人間的な体験が蘇り、二度と下請けはしたくないという気持ちが強くなっていきました。そして、自分が欲しいと思ったニーズを提供する福祉サービスの事業を興そうと決心し、2003年4月に訪問介護支援事業をスタートさせました。

自分自身の子供たちのときに利用した訪問看護ではサービス提供者の都合が優先され、こちらの都合が配慮されず断られたり、まともなサービスを受けることができなかったりという苦い思い出がありました。そこで、スウェーデンなど北欧で実施されているサービス提供者1人ひとりが受給者1人の幸せのためにサポートする、パーソナルアシストができる事業を目指して出発しました。その名もパーソナルアシスタント青空としたのです。

❖ 地域住民から大きな支持を得てスタート

佐伯康人氏ご自身と、製造業から福祉サービス業への転換に応じてくれた従業員数人、そしてパート社員がヘルパー資格取得を目指しながらの小さな規模での脱下請けの挑戦でし。しかし、「佐伯さんがやるのだったら」ということで地域住民の支持が得られ、新事業進出当初から利用者には恵まれて事業は順調に成長していきました。

やがて三つ子たちが小学校に入学することになりました。ここでまた問題が発生します。障害があるとのことで、放課後の児童クラブが引き受けを拒否してきたのです。周りの障がい者のいる家族も同様に断られています。これでは、障がい者の子たちが小学生になったら夫婦共働きができません。

「だったら、自分たちで児童クラブをつくってしまおう」。こうして当時施行され始めた障害者自立支援法に基づく「児童デイサービス」事業が立ち上がりました。これで、働くことができなかった障がい者のいるお母さんたちが働けるようになりました。大変な感謝をされたそうです。親と子だけで家庭にいると、どんどん疲れていってしまいます。障害のある子供たちが青空のデイサービスに集い、子供同士がイキイキできる場になっていきました。それは、まるでもう1つの家族と言える存在となっていきました。

現在では松山市に2拠点、そして2012年から近隣の西条市民に乞われて3つ目の児童デイサービス拠点をオープンしました。わずか3カ月で70人の申し込みがあり、あっと言う間に定員となる盛況ぶりです。すでに利用希望者は数カ月待ちの状態になっているとのことです。いかに障がい者が地域に存在しているかが如実にわかる話です。そして、それをケアする体制が行き届いていないことも、また深刻な問題として存在しています。

❖ 無農薬自然栽培の農業へ進出

訪問介護支援事業、児童デイサービス以外に現在手がけている事業は、福祉タクシーや就労継続支援事業と手広くなってきています。その中で特筆すべき取り組みは、就労継続支援事業で受け入れている精神障がい者の方たちなどに農業に従事してもらい、自立させようとしている試みです。きっかけは、障がい者の機能回復に園芸療法をスタートさせたことです。自然の中で農業に従事するようになった障がい者は全員イキイキとしてくるそうです。農作業は細分化できるためたくさんの仕事が生まれ、障がい者が就労するのに向いているのです。実は、障がい者と農業はかなり相性が良いのです。

佐伯氏が手がけているのは、ただの農業ではありません。〝奇跡のリンゴ〟で著名な木村秋則氏に無農薬自然栽培の手ほどきを受けて、木村式自然栽培を完全実践しているのです。福祉サービスに進出したときもそうでしたが、やる以上は素晴らしい事業にしていきたいと佐伯氏はとことんホンモノにこだわります。木村秋則氏の本を読んで感動し、これだと感じた佐伯氏はその後、猛烈に木村氏にアタックを始めます。こうして2カ月間、毎日FAXやメールで自身の思いをメッセージし続けた結果、側近の人が「参った」と全面的な支援をしてくれるようになったそうです。

木村式自然栽培だけに成果物はホンモノです。米や枝豆、キュウリなど多岐にわたるオーガニック農産物が生産されています。私も味見しましたが、お米などは市販されているものと比べものにならない美味しさでした。地元のホームセンターに設置された販売コーナーや地元の飲食店が開設する青空市では、同社の産品や新鮮な農作物が飛ぶように売れています。障がい者だから、可哀そうだからお情けで買ってもらうのではなく、顧客が納得するホンモノの商品づくりにこだわっています。全国の授産施設では、障がい者に対して月にわずか1万円ほどの工賃しか支払われていませんが、ここではその6倍まで支払うことができるようになったとのことです。その秘訣は、商品が売れることに加えて、高齢で後継者もなく耕作放棄地を抱えるようになった農家の田畑をほとんど無償で借り受けることができたためです。農家から田畑が荒れずに済むことで大変、感謝されていると聞いています。

❖ 全国展開できる一石三鳥の事業モデル

素晴らしい取り組みではないでしょうか。どこの地域も農家の担い手が高齢化し、耕作放棄地問題には頭を抱えています。どっこい地域には障がい者がいて、十分なマンパワーがあります。そして、障がい者がつくるものだからとお情けで消費者に購入を乞うのではなく、ホンモノの商品をつくって消費者がのどから手が出るくらい欲しがるものを提供し、収益を上げています。高齢化対策、障がい者雇用促進、地域活性化という一石三鳥のビジネスモデルです。さらには食の安全の普及につながっていきます。全国で展開できる未来創造型事業モデルと言えるのではないでしょうか。これから脱下請けを検討している企業は大いに参考にしてほしいですし、実際に取り組みを始めていただけたらと思います。佐伯康人氏はそのための協力は惜しまないとのことで、全国で同志に出会えることを楽しみにしています。

❖ 資金調達に救いの手が

脱下請けに当たって最も苦労した点は、福祉サービス業という光が見えてきたにもかかわらず、資金調達ができなかったことです。佐伯電器そのものの再生の見込みがないと判断され、どこへ掛け合っても金融機関は資金を貸してくれなかったそうです。

途方に暮れている佐伯氏を救ったのは、かつて同じ青年会議所のメンバーだった一人の銀行担当者でした。つぶさに佐伯氏の活動を見てきたその方は、この人間は将来、絶対に活躍するからと必死で会社に箴言をし、支店長を説得して1000万円を調達してくれたのです。その1000万円が「10億円にも20億円にも感じた」と佐伯氏は語ります。

その元手で福祉サービス事業を軌道に乗せ、直近では売上も1億5000万円を超え黒字経営となっています。社員数も15人となり、来年には5人の増員計画を立てています。今となっては元請会社がつらい思いをさせてくれたおかげで、脱下請けに成功できたと感謝の気持ちでいるそうです。

❖ 宇宙からの贈り物

佐伯氏は今、軌道に乗ってきた児童デイサービスはただの箱ではないと強調されていました。その子自身、その家族、その地域がその子を通してハッピーになることが目的なので、障害をケアするのではなく地域をハッピーにさせていきたいと熱く思いを語られていました。同社には次の経営理念が掲げられています。

みんな❤しあわせ
私たちは
しょうがいのあるなしにかかわらず、
その子　その人　そして私たちが　地域の中で
いきいきと　いきいきと　暮らしてゆけることのできる
心豊かな社会を　育てて行きます。
心をひとつにして

佐伯氏は、三つ子は宇宙からの贈り物と受け止めています。この子たちのおかげで世界観が変わったと話していました。目に見える世界だけでなく、目には見えない大切なものを子供たちは、教えてくれたそうです。

小さな小さな目に見えない生物と、大きな大きなとてつもない宇宙と、その中にある星々を学んだことで、その小さなものと大きな何かと、この子たちや僕たちはすべてつながっていることを、子供たちの生命が教えてくれたと言います。それは心の光、そして同じこの光を持った子供たちが地域で愛され、光輝くことで地域が輝き、心豊かになっていく……。そんな未来への希望の光を持って、これからも進んでいきたいと前を向いていています。

最後に同じ障害を持つ子を育てている親御さんへのメッセージを求めると、

「この子たちは生きているだけで誰かの力になります。そんな人、なかなかいませんよ！　存在そのものがお役に立つ生き方をしているのです。だから独り占めしないで、いっぱい地域でたくさんの人たちに愛されるようにしてください」と託してくれました。

何とも言えないあたたかい温もりに心が満たされました。確かに地域になくてはならない存在になっていることだろうと感じました。これが佐伯電器が脱下請けに成功した要因だと気づきました。わが身に降りかかる出来事を「不運だ」「不幸だ」と現実逃避するのではなく、受け止めて真正面から向き合い、前へ前へと進むときに希望の光は近づいてくることを学ばされました。

［4］新市場・新製品で脱下請け化を実現した企業③

まったく新しい製品で脱下請けを果たし、社会にも貢献

東海電子㈱
（飲酒運転防止機器の製造・販売／静岡県富士市）

同社は、アルコール検知システムの専業メーカーとして運輸業界（バス・タクシー・トラックなど）向けに飲酒運転の防止機器を開発、製造しています。保守までのワンストップサービスを身上とし、保守・校正を前提での販売をしています。同社は、現社長の杉本一成氏が25歳のときに杉本製作所を創業、6坪のプレハブで大手計算機メーカーの下請けとしスタートしました。高度経済成長期を背景に、電卓が一気に

世の中に普及した時代です。

その後、デジタル時計の急速な普及に伴い、静岡県富士宮地区に大手計算機メーカーが生産拠点を設立することになり、同社は1979年、富士市に現会社を設立してデジタル時計の受託生産を開始しました。その際、杉本製作所は、当時の工場長に一切を譲渡しました。

2011年時点の従業員数は133人、アルコール検知システムの契約ユーザーは、全国で1万5300社まで成長発展しています。

❖飲酒運転の撲滅に向けて

同社が現在生産している自社商品は、「業務用アルコール測定システム」です。市場では1万円前後の海外生産製品が主流ですが、同社の製品は、3万円から50万円までと価格のレンジが広く、メイン商品は10万円前後と高額商品です。他社との大きな違いは、「正しく測定できること」「記録が保存できること」「不正がしづらいこと」の3点による管理のしやすさです。同社の売上高に占める自社商品比率は、2003年まではゼロでしたが、現在は100%となっています。

同社の業務用アルコール測定システム「アルコールチェッカー（アルコールインターロック

装置）」の特徴は、何といっても、アルコールを検知すると車を動かせないことです。

そのシステムはこうです。ドライバーは、まず車の中に装着された機械でアルコールの検査をしないと、エンジンをかけられません。アルコールが検知されなければ普通にエンジンをかけられますが、基準以上の数値が出るとエンジンはかかりません。また、走り出してからもランダムに再検査を要求されます。再検査をやらないとその情報もログに残るため、なぜ再検査をしなかったのかを管理者に追及されることになります。

つまり、ドライバーの一日の挙動が、メモリカードにすべて残るようになっているシステムなのです。それをパソコンに入れると、何回エンジンを止めて検査をしたのか、何回エンジンをかけて走行したのか、すべて管理することができます。これによりドライバーには強い抑止力が働きますから、飲酒運転の防止が図れるのです。

同システムは計測器ですから、半年に１回、年２回、校正をしなくてはなりません（校正タイミングは機種ごとに定められています）。保守・校正料金は、機種によっても異なりますが、９８０００円（税別／年額）と高額です。しかし、きめの細かいメンテナンスと、顧客ごとのカスタム対応が高い顧客満足度につながり、高い評価をもらっています。

同社は保守・校正契約を結ぶことを前提として販売していますが、これは同システムにとって重要なビジネス構造です。現在１６０００社ほどと契約しているので、保守・校正だけで年間約11億5000万円の売上となるからです。これが同社の経済基盤を支えます。

❖ 自分で自分の将来をつくれない仕事

1968年に設立された同社ですが、業績が順調に推移したのは1973年頃まででした。円高の影響により、国内メーカーが海外に生産拠点を移行するようになったからです。円高が進むにつれて、要求コストは厳しくなる一方でした。

同社に下請けの仕事を出していた大手計算機メーカーは、新製品の立ち上げを国内の小ロット生産で行い、それがヒット商品になると海外で大ロット生産を行うような生産サイクルを確立していきました。こうした産業構造の変化の中で、同社は生産計画を自社で立てることができず、それはすなわち売上や資金繰り計画が立てられない状態でした。その結果、収支バランスが崩れるという状態にまで陥ってしまいました。

もう1つ同社にとって厳しかったことは、そのような状況もあり、社員を解雇しなければならなかったことです。最大で100人くらいの社員がいましたが、正社員とパートを含めて3割強のリストラに踏み切ったこともあります。20~25年ほど前の話です。辞めてもらわなくてはならない人たちには、会社の状況を説明して誠心誠意謝罪し、話し合いで納得してもらいました。

会社の一方的な解雇通告は非常に辛く厳しいもので、杉本社長は一時期、不登校生徒のように会社に足が向かなくなったこともありました。「行かなくては解決できない」「申し訳ない」、でも「何もしてあげられない」という自らの力のなさを痛感し、杉本社長は「本当にこの商売を続けていいのだろうか」と、「下請け」という業態に疑問を持ちます。自分で自分の将来をつくれない、夢が持てない仕事を続けていていいのだろうかと。

2001年、同社は東京都東大和市に「システム開発事業本部」を開設、杉本社長は自社開発製品に着手します。そして2年後の2003年、自社開発商品1号である、「業務用アルコール測定システム　ALC-PRO」が完成します。

❖ 2年間、薄氷を踏む思いで開発を継続

当時、飲酒運転にまつわる事故・不祥事が重なり、立て続けに報道されることで大きな社会問題となっていました。そんな折、杉本社長はテレビでたまたまアルコールの血中濃度を測る機械「クロマトグラフィー」を目にします。

とても大きな機械で、こんな大きな機械を使わなければアルコールは測れないのか。もっと小さく簡単にできれば、救える命がもっとたくさんあるのでは…と感じ、新しく入社した社内の技術者にそのことを相談しました。

呼気の中に含まれるアルコール濃度ならもっと簡単に測れるということで、試作品をつくってもらうことにしました。

約1カ月後、小さなケースの中に回路設計をしてセンサーを取り付け、そこにソフトを組み込んだ簡単なアルコール検知器が完成しました。実際にアルコールを含んで息を吹きかけてみると、ちゃんと数字が出てきました。

その試作品に感激している杉本社長に向かって、設計した技術者は「社長、安い韓国製品がネットでいっぱい売っているんですよ…」と言うのです。「もしこのとき、自分が安い韓国製品について事前に知っていたら、技術者に試作品をつくらせることもなかったし、こんな安いものでは商売にならないと考えたに違いない…」と杉本社長は当時を振り返ります。飲酒運転で事故を起こしてしまえば、ドライバー本人はもちろんのこと、家族やその会社の責任も相当重いものになります。そして何より、事故で家族を亡くしてしまった遺族の悲しみは計り知ることができません。

飲酒運転をさせないように、運転手を管理する仕組みがあれば、悲惨な事故を未然に防ぎ、会社も事故の大きな責任を負うこともなく、安全な運行ができると考えました。

すると1人の技術者が「パソコンとつなげたら何かできるかもしれませんね」とつぶやきました。杉本社長が「つなげたら何ができるのか?」と尋ねると、「測定値など測定履歴が残せます」と技術者は答えました。「それなら測定者の記録も残せるし、測定中の写真も撮って、不正に対処できるかもしれない…」などと次々にみんなから新しいアイデアが出てきたのです。

幸いにして、会社には回路設計の技術者やハード設計技術者、ソフトウェア開発技術者もいました。数千円の海外製品ではできない、さまざまな付加価値をつけることで、単なるアルコール検知器ではない、コンピューターシステムと連動させた業務用アルコール測定システムの開発がスタートしたのです。

その後、開発された機械は、同社で初めてのオリジナル商品となりました。

しかし、商品化までの道のりは、決して平坦ではありませんでした。商品開発後、大手バス会社2社にテスト導入したところ、測定できない不具合が出たのです。根本的な対策が見つからないままに、時間だけが過ぎていきます。不具合がある以上、バス会社へ請求はできません。そんな状態が半年間続きました。資金繰りが悪化し、これまでかと思ったときに、恒久対策を打ち出すことができました。最初に入金があったとき、杉本社長は嬉しく思うと同時に、心からホッとしたそうです。

テストをしてくれた2社からは、本当なら不具合が出たときに返品されてもおかしくないのですが、「頑張って使えるようにしてくださいよ」「なるべく早くしてくださいね」という励ましの言葉しか返ってこなかったそうです。

杉本社長は、そのときの教訓を以下のように語ります。

「そのとき、何がいちばん大切だったかと言うと、何でも正直にお話しすることが、誠心誠意ということだと思います。実態を話した上で、『ぜひ、こうさせてください』とお願いをしました。その間、そのことに対して2社のバス会社さんからは励ましの言葉をいただきました。誠実さが相手に伝わらないと、良い関係も構築できません。今でもこの経験を教訓にしてビジネスをしていますし、今後もこの教訓を貫くことが肝要だと思っています。これがきっかけで、2社のバス会社さんには継続的におつき合いしていますし、ずっと大事にしていただいています。よく、『製品をテストで使ってあげるよ』などと声があり、助けていただいています」。

ビジネスは信頼の積み重ね。これを教訓とした同社は、順調に契約を拡大してきました。

杉本社長は言います。「下請けから脱却したいとの想いは、どこの会社にもあります。問題は人財です。人財がいれば、いろいろなことが展開できます。社長一人では何もできません。みんなの力が結集されてこそ、1つの実が成ります。下請けから脱却するには、相当なパワーが必要です」と。

❖ 性能を向上させ、未知の市場へも開拓を進める

現在、運輸業界の6割が、民生用のアルコール検知器を使用しています。法人数で見た同社のシェアは20％程度です。したがって、同社としてはまだまだ市場開拓が可能だと考え、これからは一般の企業への普及を推し進めていくとのことです。

また、カメラの搭載や通信技術などで性能を向上させながら、製品の進化を図りたいと考えています。同時に、自社商品が同検知器だけでいいのかという課題認識もあり、技術向上の延長線上において健康機器、あるいは医療器分野への参入も目指しています。

世の中で支持される商品をつくり出すには、社会に貢献するような商品、社会に役に立つ商品を目指すべきと考える同社の会社理念は、「社会の安全、安心、健康を創造する」です。今後も商品を通じて、ますます社会に貢献することが期待されます。

[4] 新市場・新製品で脱下請け化を実現した企業④

暗中模索しつつ幸運な偶然から高付加価値を開発

㈱不二工芸製作所

（バイオ・アグリ事業／静岡県富士宮市）

同社は1946年に、前社長の前島武雄氏によって下駄の製造販売を主要事業として設立されましたが、時代の流れから下駄産業が斜陽化し、他の事業展開を考えなければなりませんでした。1978年前島正容氏（現社長）の社長交代時に転業を図り、カシオ計算機の下請業務を行うようになります。そして、カシオ計算機の事業が好調に推移していた1995年、円相場が79円という局面を迎える中、海外移転など今後の事業の将来性を見通した結果、新事業つまり「脱下請け」の必要性を念頭に再び転業を検討したのです。

そこでまずは、社会問題や国の統計資料をもとに「環境・少子高齢化・健康」というキーワードでさまざまな事業を模索し、バイオおよびアグリ事業に進出を果たすことになります。健康食品を中心としたバイオ事業は順調に拡大しましたが、アグリ事業の新芽野菜栽培はO－157の問題が発生したことで、危機的な場面を迎えました。

しかし、新芽野菜に高付加価値をつけようと模索していたところ、偶然にも普段の手順を間違う管理をしたことにより新たなそばの新芽を開発し、脱下請けを成立させる決定的な商品「発芽そば発酵エキス」を世に出すに至ります。

現在、従業員88人で、バイオ事業とアグリ事業の2軸での事業展開を行っています。この2つの事業を融合させることにより、静岡大学をはじめとする多くの大学・研究機関と共同研究を行い、新商品の開発に取り組んでいます。

❖ そばの芽に着目

そばの芽を利用した新商品は、ひと言で言えばアレルギー全般に効く予防薬の役割を果たす食品です。「そばには血管を強くするルチン、身体のさびの原因の活性酸素を除去するソバポリフェノールを初め、ビタミンB群、良質のタンパク質やミネラル、植物繊維などが豊富に含まれています。成長の最も活発な時期に当たる『そばの芽』には、これらの身体に良い成分が豊富に含まれており、生活習慣病を予防する貴重な食材です」と信州大学大学院の名誉教授は言います。

つまり、「発芽そば発酵エキス」は、ルチンやアントシアニンなどの栄養素を多く含んでおり、血管強化作用や抗酸化作用を人体に作用し、促進させる効果を持つ商品なのです。まだ認知度は全国に広まっていませんが、注目されており、今後同社は売上高に占める自社商品比率を50%にまで引き上げたいと考えています。

❖ 環境、少子高齢化、健康を新事業のテーマに

戦後、日本は何回も訪れた好景気の中で、モノづくりの技術力は成熟していきました。しかし、その後の海外の攻勢は目を見張るものがあり、さらに為替の劇的な変動における円高という事態も起きました。こうした中で、前島社長は下請業務の将来性に不安を覚え、事業存続の継続の難しさを感じます。

下請け当時は、企業として際立った強みがなく、代替性がある技術力への不安の延長線上で厳しい現実に直面し、その脱却を考えるようになります。当時、前島社長には新事業の核とな

る3つのテーマがありました。それは環境、少子高齢化、健康です。

まず、環境事業として当時、カシオの液晶が独占していたパチンコ台に注目しました。新台が出るごとに液晶は新しいものがつけ替えられていたことから、環境面で液晶の中古再生事業が成り立つと考え挑戦しましたが、業界特有の規制関係や大手メーカーによるPC再生事業が台頭し、断念するに至ります。さらに、ガラスの再生利用事業に着目するも、着色ガラスの再利用は技術的に難しく、実用性に相当な時間を要することがわかり、これも断念せざるを得ませんでした。

そうした中、少子高齢化において健康産業の需要が大きく伸びると、観察と経済統計から予想されたことから健康食品の製造に着手し、バイオ事業の基礎を築くことにしました。さらに、このバイオ事業を基本に、アグリ事業の農業を連動させ、新芽野菜由来の発酵食品開発が始まったのです。もともと前島氏は農業に関心を持ち、事業展開を行っていました。前島氏の商社時代のネットワークがあったことにより、農業に関する情報を得ることができたのです。また、富士・富士宮地域が健康食品のカプセル産業に秀でた場所であることが、同社の後押しをした形になりました。

「発芽そば発酵エキス」という商品はもともと偶発的にできたものであり、加工する体制はできていませんでした。しかし、カプセル産業とはすなわち医薬品に使われるものであり、医薬品としてそばの芽を加工し、販売するのに適した土壌ができていたことは幸運でした。

しかし、既存の農業体制は旧態依然としており、新しい人材に対する指導や方向性はまだまだ定まっていませんでした。さらにＪＡなどの主業務が、農業以外に傾注する弊害もありました。

それでも、当時ノーベル賞を受賞した島津製作所の田中耕一氏の「偶然の発見の大切さ」という言葉に勇気づけられた前島社長は新しい農業体制を整え、センスがあれば挑戦できるバイオ事業を拡大しようと決心し実行したことが、同社が下請けを脱出することができた一番の要因です。

❖ 壊滅的な打撃からの起死回生

新芽の栽培事業は、当時起こったＯ－１５７の事件で壊滅的な打撃を受けました。食中毒の感染源がカイワレ大根ではないとわかった今でも、公共機関から発注は来ません。そして事件直後に、起死回生の思いで挑戦したのがそばの芽でした。難しいそばの芽の栽培が軌道に乗ったら、それに付加価値をつけて「青汁」に加工し、健康食品として販売することを考えていました。ところがある日、間違った管理から、冷蔵するはずが冷凍してしまったところ、その解凍時に偶然にも自然発酵が起こったのです。

これをぜん息、鼻炎、高血圧などで困っていた知人に試したところ、悩まされていた症状が劇的に改善することがわかりました。そこで、知人のドクターに報告したところ、その病院でも既存の薬で苦しむ患者に処方した結果、同様に病状が回復したのです。これを機会に一定の効能があると考えられたことから、次の3点について研究が始まりました。

①安全性の確認
②発酵過程を経た新物質の同定
③効果が解明するエビデンスの確立

①については、安全評価センターで安全性を担保でき、②、③について信州大学を皮切りに各大学や研究機関との共同研究を継続中です。

今までの結果として、血圧を上げる酵素の阻害や抗アレルギー効果があることがわかり、商品化されました。

現在ではさまざまな研究開発を行い、2007年度には静岡県農水助成事業に選ばれました。また、2009年には「ものづくり中小企業製品開発等支援補助金」に事業採択されています。現在、そばの芽の商品に関してはネットでの販売も行っており、主に花粉症を患う人をターゲットとして、アレルギー全般に作用する商品として提供しています。

厚労省はメタボリックシンドロームに代表されるように、国民を病気から予防することによ

る「医療費抑制」を考えています。健康であるために気をつけることは「食事と運動」であり、普段食する高付加価値な栄養素を担保した野菜を提供することもバイオ＋アグリ事業の可能性の1つであると前島氏は語ります。そのため、研究開発については売上の5％を費やし、より良い商品の提供に日々邁進しています。

❖脱下請けを考えるならまずスピードを活かす

脱下請けを実行する際には、まず、スピードが求められると前島氏は言います。社会の変化を先にとらえるためには、それを超えるスピードが必要なのです。そのときに、社員から反発があることを歓迎すると前島氏は隠さずに語ります。つまり、反対がなく、社員が納得できてしまうような商品ではだめだということです。それはすでに商品化されている場合が多く、すでにビジネスチャンスは去ってしまっているのです。

転業した際、同社はある程度の蓄えを備えていたこともあり、社員への待遇などすべてに変化はなく、不安不満はありませんでした。また、スタッフには大所高所で状況を説明し、協力体制を構築しました。日頃のコミュニケーションの大切さを感じました。マネジメント体制についてもまったく新しい業態への参加のため、余裕を持たせたラフな対応をしました。時代の流れを読むことと計画性を持つこと、そして人的ネットワーク。これらが、脱下請けを成功させた大きな要因であったと言えます。

❖ 付加価値こそがすべて

農業は、これからさまざまな可能性がある市場だと考えられます。しかし、一般的な商品を提供することはほぼ限界であり、その製品に付加価値をつけることで差別化することこそが大事です。前島氏も付加価値をつけた製品を提供するために、日々の研究に邁進しています。そして、今までの知識などをもとに新たな商品開発を進め、さらに世の中に貢献していきたいと考えています。

［4］新市場・新製品で脱下請け化を実現した企業⑤

軸受部品とはまるで異なる高級毛抜き具に活路を見出す

㈱ミサト工業

（自動車部品製造／岐阜県郡上市）

ミサト工業は、1969年に川嶋勲氏（現会長）が岐阜県は郡上の地で鉄骨業をスタートさせ、1985年に地場の大手自動車部品メーカーの下請けとして部品加工業を始めました。具体的には、自動車部品の軸受メタルの製造を行っていました。好景気の下で業績を順調に伸ばし、NC加工機なども揃えて品質の強化を図り、大手自動車部品メーカーの100％下請けとなります。

現在の2代目社長の川嶋成樹氏が入社した頃は、バブル経済がはじけ、一気に経済が冷えていった時期です。当時7人いたパートを2人まで減らし、他社がやらない変わった仕事を地道にこなしていきました。徹底的に品質にこだわり、納期を守り、そして難しい加工でも仕事を断ることをしませんでした。その結果、不況下でも順調に売上を伸ばすことができ、「変わったモノはミサト」という評価を得るまでなりました。しかし、正社員を雇用できるほどではなく、パートやアルバイトで生産体制を高めていきました。

❖ 高級毛抜き「NOOK」の特徴

その後、1本2100円もする高級毛抜き「NOOK」(ヌーク)を開発し、インターネットを中心に販売したところ、これがヒット商品となります。NOOKは2009年に全国放送のテレビで紹介されたのをはじめとして、その知名度をぐんぐんと上げていきました。日経MJやモノマガジンへの掲載や、読者が選ぶ売れ筋大賞に選ばれ、上海万博でも日本館で取り上げられました。現在では、インターネット販売のほか、東急ハンズ名古屋店や東京ミッドタウン内の「THE COVER NIPPON」でも常時販売しています。

では、なぜこの毛抜きがこんなにも人気があるのでしょうか。それには以下の理由があります。

①毛抜きに見えない形

ＮＯＯＫの先端は、直径9㎜の円径をしています。金属でできた鋭利な先端というイメージがある毛抜きからは、想像できない形とカラーリングです。またこの太さが、持ったときにしっくり指になじみ、むだ毛を挟むのにちょうどいいサイズ感なのです。

②先が丸いから安全

先端が丸いＮＯＯＫは、肌に当たっても痛くなく、肌を傷つける心配もありません。顔はもちろん、鼻や耳の穴の中などの見えない部分や、脇などのデリケートな部分のむだ毛処理にも安心して使えます。

③広い範囲の毛をキャッチ

丸い先端と内側の円形になったキャッチ面のおかげで、従来の毛抜きよりも広い範囲で毛をつかむことが可能になりました。つまり、毛の生えている方向に合わせてＮＯＯＫを傾けて使ったり、自分の持ちやすい持ち方で毛をつかんだりできるので、鏡を見ながら使用できるため抜群の使い心地を発揮します。

④毛を逃がさない広いキャッチ面

細いむだ毛をこの円形の面全体で挟みます。点ではなく面で挟むので、毛が切れることがなく、より確実に抜くことができます。円形のキャッチ面には細かい凹凸を施してあり、この凹凸が生む摩擦によって、挟んだ毛が滑ることもありません。

⑤本体のしなりが毛を逃がさない

面キャッチ構造の要となるのが、独自の製法で生み出された本体のしなりです。本体がしなることで、内側にある円形のキャッチ面がしっかりと密着し続け、どれだけ力を加えても挟んだ毛を逃しません。

⑥抗菌作用

使用されているステンレスXM-7（SUS-KM7）は、ステンレスに銅が混ざった特殊な合金です。銅の持つ殺菌性によって、SUS-XM7にも抗菌作用があります。

いかがでしょう。NOOKは顧客ニーズを巧みに汲み取った、需要者目線が非常に強い商品なのです。

❖ 不況を機に川嶋社長は創造的な仕事へ

2008年のリーマンショックは、それまで好調に業績を伸ばしていた同社にも多大な影響を与え、同社の売上は7割減にまでなりました。川嶋社長は、緊急助成を活用した借り入れを行い、従業員と一緒に1年頑張ろうと誓い、そして社長自らも積極的に営業に出ました。そんなとき、社長はあることに気づいたのです。何から何まで自分でやっていたのでは会社の成長がない。そして、自分は営業に時間を使うのではなく、社長らしい創造的な仕事をするべきではないかということです。

そこで、川嶋社長は社員を信じ、あらゆることを任せてみようと思ったのです。しかし、単純にすべてを任せきりにしたのではなく、工程の見える化を徹底することにより、誰もが容易に作業をできるような状況をつくりました。また、部署ごとに数値目標を設定し、それに向かって日々実行あるのみという状況をつくり出しました。作業工程のPDCA化を実行したのです。工場運営も、川嶋社長と苦労をともにしてきた社員に任せることにしました。すなわち、自分が現場にいなくても工場が運営できる体制をつくり上げたのです。

一方で、大手メーカーも大幅なリストラを実行していました。その中には、最終工程の検品作業員も多数含まれていました。すると、2009年にエコ減税で自動車の生産が増え、部品メーカーの工場稼働ニーズが高まったとき、検品作業員が足りなくなるという事態が起こりました。そこで、ある部品メーカーは、費用の変動費化とミサト工業の品質（技術力）の高さを考え、最終工程である検査工程の一部をアウトソーシングすることを決定したのです。つまりミサト工業が、この部品メーカーから製品の検査業務の請負を受注したのです。この検品業務請負により、過去にミサト工業を解雇された地域の人々を再雇用し、雇用を安定化させることができました。
そんなとき、川嶋社長の弟の知人から、岐阜県関市の刃物のことで相談がありました。その知人は、単純な刃物製造だけでは今後の厳しい経済環境下を生き抜くことは厳しいと考えていました。そこで、もともとアイデアを持っていた高級毛抜きについて、川嶋社長に相談しました。これをきっかけとして、ミサト工業は、NOOKの量産開発の道を拓くことになりました。

川嶋社長は、自社の機械が自分たちのものであるにもかかわらず、100％下請けのままだと自社の稼働をコントロールするのは難しい、と日頃感じていました。収益の源泉は機械の稼働を高めることであり、本来は自分たちでコントロールすべきです。そこで、自社ブランド商品を開発し、工場稼働を自分たちでコントロールできるようにしたいと考えたのです。

検品作業の請負事業も波に乗りつつありました。また、前述した通り、工場の運営についてはすでに右腕の人財が育っていました。そのような意味で、社長自身が新しいものに取り組む絶好のタイミングでした。

❖ 自社商品「NOOK」ができるまで

川嶋社長の弟は、関市で刃物工場を経営していました。もともと関市の刃物メーカーは、貝印に代表されるように比較的量販店向きの製品を生産していました。弟やその知人の相談を受けた川嶋社長は、この刃物分野で独自の商品をつくってみようと決心します。そして自社ブランドをつくるためには、何かいい方法はないかと模索を始めました。ところが、最初は何をどうしたらいいかわからず、ただがむしゃらにいろいろなセミナーに通い続けた日々を過ごしました。今数えて見ると、セミナーを通じて交換した名刺の数は、年間1000枚を超えていました。特に岐阜県商工連合会や公益財団法人、岐阜県産業経済振興センターの会合などにはいつも顔を出し、職員の方々に顔を覚えてもらいました。岐阜県が主催している「ぎふネットショップマスターズ倶楽部」ではネットビジネスのことについて勉強し、ネットワークを広げました。

さまざまな会合に参加しながら知り合った人たちのおかげで、NOOKの販売は広がっていきます。今回の製品開発に当たっては、GO TECHが商品企画や製品設計を行い、Design Waterが、プロダクトデザイン、パッケージデザイン、webデザイン、チラシデザインなどを担当しました。取引先開拓やweb販売担当は、東京にあるSHIPSに依頼し、岐阜のモノつくりチームと販売も連携（シェア）してスタートしました。

同社では、このような材質でこのような機能を持つ製品を作って欲しいと言われれば、それなりの製品をつくる自信はあります。しかし、どのような機能を持った製品を、どんなお客様に提供すべきかなどについて議論したことはありません。製品ができたとしても、どのようにしてお客様に届けるべきか、また買ってもらうためにはどのように販売していくかなども考えたことがありませんでした。したがって、製品企画力やｗｅｂ販売などの売り方をアドバイスしてくれる人たちとスクラムを組めたことは、同社にとって非常にプラスでした。

ＮＯＯＫは２０１０年に岐阜県経営革新認定制度を取得し、岐阜県事業可能性A評価を受け、また、２０１１年には中小企業庁地域資源認定を受けることができました。これらにより、製品としてのブランド力を高めたことで、多くのマスコミで取り上げられ、上海万博では展示品となることができました。

川嶋社長は、こうした県の支援には助けられたと率直に語っています。下請企業がテレビで取り上げてもらったり、東京の会社と接点を持ったりするためには、どうしてもサポーターが必要です。その大きなサポーターの１つが公的機関だったのです。

❖ モノづくりも商品開発も販売も、人と人との縁が基底にある

今回の経営革新に当たり、川嶋社長が特に苦労したのは2点です。１つは、社長がいなくとも、工場の運営を従業員たちだけでできるようにした点です。これには大きな勇気が必要でした。工場は自分の城です。それでも、社員を信じて工場のオペレーションを任せきったことが

従業員たちの意識を高め、社長がいなくとも効率的なオペレーションを運営できるまでになったのです。従業員との信頼関係が根本にあったのは間違いありませんが、それでも大きな決断でした。

2つ目は、リーマンショック後という大変厳しい経済環境下でも、NOOKの事業化をあきらめなかったことです。しかも、未知の世界であるBtoCマーケットへの事業展開でした。そのときに徹底的に活用したのは、最もコストが安い自分の足でした。しかしそれが結果的に、NOOKを商品化するときの力になってくれました。頼れるのは自分だけという状況の中で、徹底して多くの人と接触し、専門外の情報を集めようとしたその熱意こそが、脱下請けを大きく後押ししました。

現在、下請け以外の自社ブランド関係の売上は、全体の約30%まで増加しています。今後は、医療分野への進出や海外市場をターゲットに自社製造製品の販売を行っていくことも視野に入れています。販路については既存の枠組みを活用しながら、WIN-WINの方針で、多方面の方の協力を得ながら拡大を図っていく予定です。

川嶋社長はいろいろな縁を大切にしており、地域活動にも積極的に関わっています。郡上地区活性化のために、いろいろなプロジェクト（たとえば、郡上モノつくりプロジェクトや異業種交流会「G7」）も企画運営しています。こうした地道な活動から、また多くの人々との出会いが生まれ、それが販路拡大につながると手応えを感じています。下請関連の仕事は、従前は実質的には1社に頼り切っていました。川嶋社長の縁を大切にする方針が、結果的にはいろいろな会社からの受注を受けることにつながりました。その結果、当該会社の売上は、全売上の30％程度まで引き下げることができたのです。

先日、NOOKに続く第2弾の自社商品「KIIL（キール）」が発売され、こちらも好評を得ています。KIILは、高度な技術と構造によって軽い力で簡単に毛をカットできる製品です。最終的には、NOOKやKIILを病院で医療用としても使えるまでにするために、製品の質をさらに高めたいと考えています。郡上八幡という地理的不利な場所であっても、若い人たちにできるだけ雇用の場を創造したいと、川嶋社長は熱く語っていました。川嶋社長の挑戦はまだまだ続きます。

第3章

脱下請けへの脱皮・発展のために

第2章では、脱下請け化に成功したさまざまな企業を紹介しました。さらに、アンゾフの製品市場マトリックスを活用して、各社を4分類にまとめてみました。その結果、脱下請け化のために必要なさまざまな共通項を見つけることができました。その共通項を以下、4つのポイントでまとめていきます。

1　自社の勝負すべき市場を明確にしているか

本書は、経営戦略を語るものではありませんが、成功事例を分析するに当たり、簡単に触れておきます。経営戦略を検討するためには、以下に留意する必要があります。

1　会社がどのマーケットで勝負するのか、行動領域（ドメイン）を決めます。すなわち、市場を決めます。ここで言う市場とは、一般的なマーケットではなく、より明確な市場というようなニュアンスです。たとえば、「ねじ」といってもどんな「ねじ」か。特殊なものか汎用品かということです。いわば、自社は何をしたいのか、または何をすべきなのかを明らかにしていきます。

2　自分たちが攻めていくべき、その細分化された市場を明確にしたならば、次にするべきことは自分たちの製品力の分析です。技術的にはどうか、マーケットで受け入れられるか、コストはどうかなどです。すなわち、自社は何ができるかを明確にしていきます。

3　①と②を相互に協議するうちに、自社の進むべき経営の方向性が見えてくるはずです。特に、大企業と比較して経営資源の少ない中堅・中小企業においては、特に②の何ができるかを徹底的に分析することが重要です。自社では何ができて、何ができないのかを客観的に分析することからスタートです。

これらを意識しながら、第2章で見てきた事例を考えてみます。新市場で勝負したり、既存市場で勝負したりといろいろな企業がありました。そして、どの企業も自社が勝負すべきマーケットを明確にする前提として、自社の製品力やサービス力を十分に認識していました。

一方で、徹底的に自社の技術力を信じ、これらを駆使して顧客の期待に応え、既存のマーケットを駆逐していく方法もあります。また、自社の技術に関しては、現在の市場では他社との絶対的な差別化は難しいと判断する企業もありましたが、その結果、新市場を開拓して成功しました。このほか、既存市場でIT技術やインターネットを活用し、新しい販売形態を構築したことにより成功した企業もあります。すなわち、既存のビジネスモデルを変えることにより、脱下請け化を志すものです。いずれのケースでも重要なのは、自社の進むべき市場を明確に規定することです。

前述したように、新規顧客開発に成功した社長の共通点は、実際に自分の足で情報を取りに行ったということです。具体的には、たとえば海外視察が挙げられます。私も海外をよく訪問しますが、行けば必ずスーパーマーケットに出向き、現地の人たちの生活の匂いを感じてくるのです。

また、現地にはすでに日本人社会が成立しています。現地で成功している社長に会いたいなら、現地の日系会計事務所や日本の金融機関の出先などに訪問すれば、情報は入手できます。行政は多くの施策を中小企業のために用意しています（http://www.chusho.meti.go.jp/pamflet/leaflet/l-2011/110926Kaigaisien.pdf）。このような制度を活用するのも1つの方法です。

このほか、国内で新しい縁を見つけることも可能です。第2章のミサト工業の事例で紹介したように、地方公共団体や金融機関などが各種異業種交流会やビジネスプランコンテストを開き、会社が世の中にアピールできる場を提供しています。事実、私も毎年、あるビジネスプランコンテストのコメンテーターを5年以上も務めています。ここで、多くの会社の事業アピールをお手伝いしているのです。このような機会を活用しない手はないと思います。

2 自社のできないところは他社とのアライアンスを検討しているか

しかし、進むべき市場が定義できたとしても、実際にその市場で「自社の製品はこんなにいいですよ」とお客様に伝わらなければ、製品は売れません。そこには、明確なマーケティングを含めた販売戦略が必要です。

従来、下請企業は元請企業の要望に応え、品質や価格、納期を実直に守り、製品を納品することが重要課題でした。脱下請け化するとは、特定の元請企業との依存関係をなくし、対等の立場になるということです。そのためには、多くのお客様に支持されるような販売体制を敷くことが重要です。これが簡単ではないことは、みなさんが一番よくご存知のはずです。

注目すべき点は、自社ブランドの立ち上げで成功している企業の多くは、その販売に強い会社とアライアンス（業務提携）をしていることです。電話営業を専門会社に外注したり、マーケティング会社とIT戦略を練ったり、デザイナーを活用したりさまざまな工夫をしています。モノづくりに特化していた企業が急に販売活動を行っても、簡単にうまくいくものではありません。やはり「餅屋は餅屋」で、自社の不得手な部分は得意な会社に任せるべきです。

3 企業の組織化ができているか

脱下請けのためには、どのような戦略をとろうが、既存の事業の他に何かをしなければならないのは事実です。この脱下請け化には社運がかかるため、社長自らが動かねばならないケースがほとんどです。ということは、社長が既存事業の運営だけで手一杯の状況では、新しいことはできないことを意味します。

社長だけが、1日24時間ではなく36時間もらえるのであれば、社長が既存事業に張り付きながら新規事業を企画し、立ち上げていくことは可能かもしれません。しかし、現実的にそれはあり得ません。社長であろうが従業員であろうが、1日は平等に24時間しかありません。

そのような意味で、脱下請け化プロジェクトを社長が推進するためには、そのための時間が不可欠です。このとき、社長が関与しなくても既存事業が運営できる組織体制を築いておくことが絶対条件と思われます。「私がいなければ事業が回らない」ような状況では、脱下請け化は夢に終わります。脱下請け化のためには、自社の組織化を進め、既存事業は次期社長や経営幹部に任せ、社長は脱下請け化に邁進する時間をつくるということです。

4　中期経営計画の活用

会社の組織化をするに当たって、非常に有益なツールが経営計画策定です。中期経営計画とは、簡単に言えば左ページの図に示すように、会社の将来あるべき姿・夢と会社の現状とのギャップを認識し、それを埋めるための行動を明確にした計画のことを指します。社長は当然、将来どんな会社になりたいかについて、夢・目標・経営ビジョンなどを持っています。

ここでの多くの夢は、「脱下請け」です。それが、すでに現状で満たされていれば問題ありませんが、一般的には、夢と会社の現実には乖離が見られます。当然、社長をはじめ従業員は、この乖離幅をなくすように努力しています。しかし、闇雲に頑張るのではなく、最も効率的かつ効果が最大になるよう全社を挙げて行動すべきです。そうした全社の努力を方向づけるのが、中期経営計画の存在です。中期経営計画の策定プロセスは以下に示す通りです。

(1)経営理念の検討

経営理念とは、会社経営に際しての経営哲学や自社の社会的な存在価値を明確にしたもので

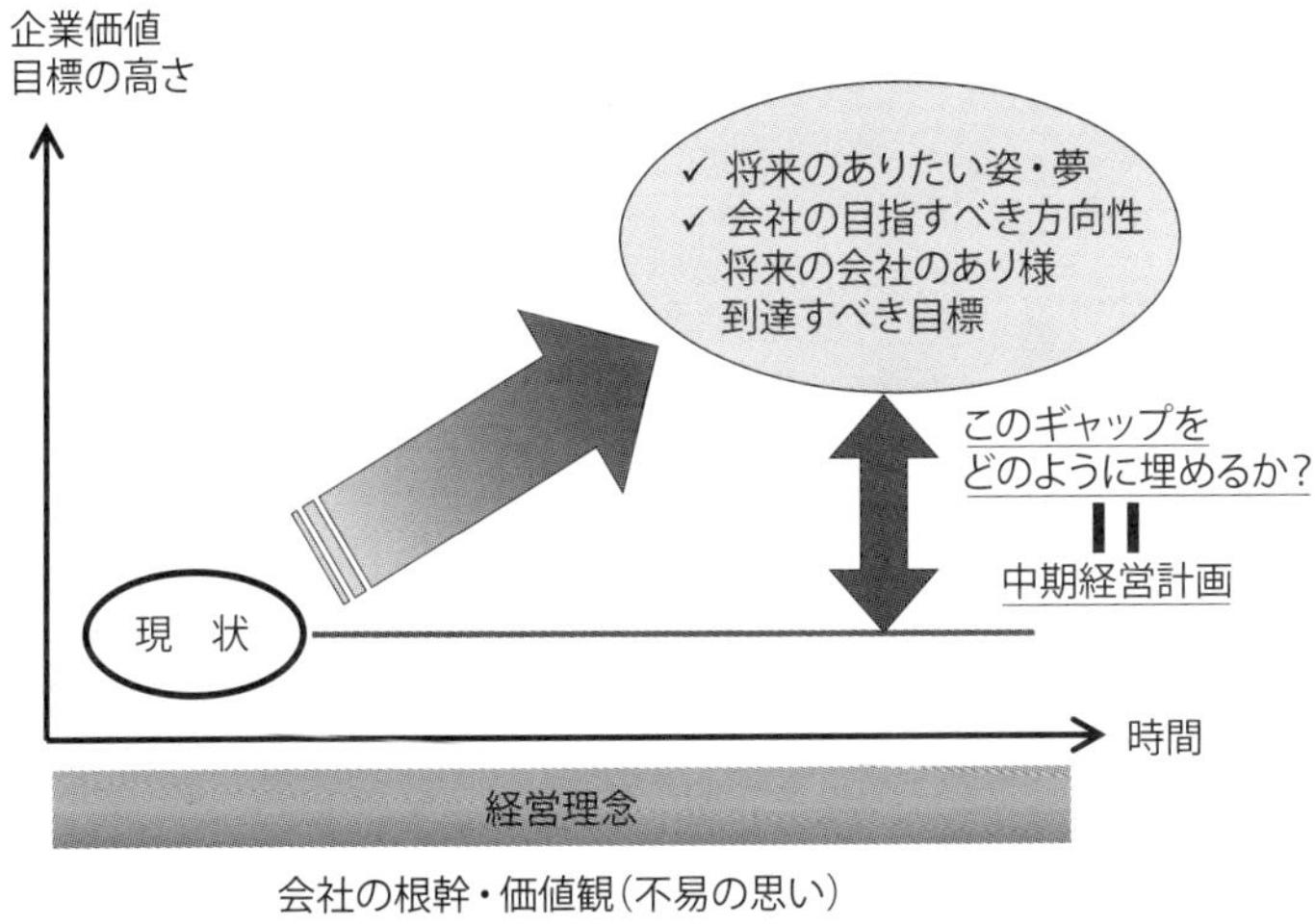

中期経営計画の意義

す。具体的には、

○どのような会社でありたいのか？

○経営者は自社の事業の何にこだわりたいのか？

○今、取り組んでいる事業で何を実現したいのか？

○社長の会社への思いを言葉で表すと、どのような表現が最もいいか？

ということをまとめるのです。社会全体、お客様、社員などの利害関係者に対して、なぜ会社の事業を継続したのか、その熱き思いを自分の言葉で伝えるのです。

(2) 経営環境・経営資源と経営ビジョンの明確化

一方、経営ビジョンとは、経営理念の下

で会社の目指す将来の具体像を社員やお客様、社会に対して表現したものです。たとえば、

○自社のターゲットとするお客様、商品・サービスは何か？（「脱下請け」が可能となるお客様、商品・サービスは何か）

○そのマーケットでどのような地位を取りたいのか？

○どれくらいの事業規模（＝売上）とどの程度の収益性（＝利益）を目指すのか？

○将来の組織形態はどのようになっているのか？

などを明確にすることです。

この経営ビジョンを検討していく中では、自社の経営環境（＝外部環境）と経営資源（＝自社の強み・弱み）の分析もあわせて行います。将来、どこのマーケットでどんな商品・サービスで勝負するのかを考えた場合、その前提として、そのマーケットで勝負できる実力を現在、自社は持ち合わせているかを検証します。また、そのような商品・サービスを、今は提供できないにしても将来、競争力を持った価格で十分な数量を提供できるか否かを分析することは当然必要です。その場合に重要なのが、現状である自社の強みと弱みを明確にすることです。

(3)経営戦略の策定

自社の経営資源と経営環境を分析した上で、自社の進むべき方向性を経営ビジョンで明確に

しました。次のステップは、その経営ビジョンを達成するための経営戦略を検討します。その経営戦略を策定するに当たり、重要なポイントは以下のようなことが考えられます。

○自社の強みをどのように活かすか？

○自社の弱みを補う対策はあるか？

○自社を取り巻く経営環境をどうとらえるか？　特に自社のチャンスはどこにあるか？

○反対に、自社にとって脅威となる経営環境を回避することができるのか？

このような項目を検討しながら、「脱下請け」のため、最終的にはどこのマーケットにどのような具体的な戦略を持って攻め込むかを検討します。

(4)経営課題を踏まえた上での行動計画と業績（数値計画）計画の策定

経営戦略が明確になれば、今度はこれを具体的な数値として客観化、または従業員への見える化を進めることが必要です。たとえば、ある製造企業では自社の強み・弱みならびに経営環境を考慮した結果、隣町に新しいマーケットを求めて進出すると決めたとします。その場合、従業員は具体的にどのような数値目標で、どの程度の期間で、どんな課題をクリアしていくべきかが明確になっていないと、具体的なアクションができません。また、実際に当該戦略を実行した場合、当初の予定通りに進んでいるかどうかチェックする必要があります。そのためには当然、客観的な指標である数値が必要となります。具体的には以下の通りです。
○将来3年間の損益計算書、貸借対照表、キャッシュフロー計算書
○3年間の商品別または顧客別における予想売上高、予想売上総利益
○3年間の従業員数、人件費の推移（できれば部門別まで）
○3年間の設備投資計画
○個別の経営課題の洗い出し

(5)モニタリング

中期経営計画を有言実行するためには、その計画が予定通り遂行されているかどうか、常に確認する必要があります。その意味で、中期経営計画の計画倒れを防ぐためのモニタリングは極めて重要なポイントです。年次だけでなく月次まで計画値を細分化し、実績と比較しながらその進捗度合を確認することが必要です。

こうした経営計画策定を経営幹部の方々と一緒に議論すれば、脱下請け化の意義を会社全体で共有できます。これにより、経営幹部がなすべきことや社長のとるべき行動が明確になってきます。すなわち経営の見える化が実現し、ベクトルの合った会社運営が可能となります。

執筆者紹介

はじめに・第1章　坂本光司
第3章　林 公一

第2章
アタックスグループ所属
㈱ミサト工業　林 公一（アタックスグループ代表パートナー）
メトロ電気工業㈱　荒川幸洋（㈱アタックス・ビジネス・コンサルティング取締役）
沢根スプリング㈱　辻 裕之（㈱アタックス・ビジネス・コンサルティング所属）
㈱片岡機械製作所　岩瀬和雅（㈱アタックス・ビジネス・コンサルティング所属）
万協製薬㈱　森 太樹（㈱アタックス・ビジネス・コンサルティング所属）
名古屋精密工業㈱　増田将信（㈱アタックス・ヒューマン・コンサルティング所属）
大垣精工㈱　坂本洋介（㈱アタックス社長塾推進室所属）

法政大学大学院政策創造研究科坂本研究室「下請企業問題研究会」所属
㈱能作　望月輝久（㈱望月ネームプレート専務取締役）
徳武産業㈱　清水洋美（㈱ディアナ代表取締役）
㈱伊吹電子　今野剛也（光誠工業株取締役）
㈱アイエイアイ　富永治（富永経営会計事務所所長）
久米繊維工業㈱　門田政己（ＭＯＮ㈱代表取締役）
㈱不二工芸製作所　芹澤和樹
東海バネ工業㈱　平松きよ子（㈱たこ満相談役）
中田工芸㈱　岡野哲史（税理士岡野哲史事務所所長）
東海電子㈱　杉田光徳（㈱堀内電機製作所取締役）
㈱パーソナルアシスタント青空　小林秀司（㈱シェアードバリュー・コーポレーション代表取締役）
㈱タカハタ電子　坂東祐治（坂東公認会計士税理士事務所所長）

〈編著者紹介〉
坂本 光司（さかもと こうじ）
法政大学大学院政策創造研究科教授
ほか「人を大切にする経営学会」会長など
主要著書「日本でいちばん大切にしたい会社・2・3・4」あさ出版、「経営者の手帳」あさ出版、「日本でいちばん大切にしたい会社がわかる100の指標」朝日新書ほか多数

林　公一（はやし こういち）
アタックスグループ代表パートナー、公認会計士・税理士
主要著書「事業再構築のM&A実務」（共著）中央経済社
「社長の幸せな辞め方〜事業承継3つの選択」（共著）かんき出版ほか多数

モノづくりで幸せになれる会社となれない会社
下請メーカー18社の転機

NDC336

2015年6月24日　初版1刷発行
2015年7月31日　初版2刷発行

定価はカバーに表示されております。

編著者　坂本光司
林　公一
発行者　井水治博
発行所　日刊工業新聞社
〒103-8548　東京都中央区日本橋小網町14-1
電話　書籍編集部　03-5644-7490
販売・管理部　03-5644-7410
FAX　03-5644-7400
振替口座　00190-2-186076
URL　http://pub.nikkan.co.jp/
email　info@media.nikkan.co.jp

印刷・製本　新日本印刷

落丁・乱丁本はお取り替えいたします。　2015　Printed in Japan
ISBN 978-4-526-07431-8　C3034

●日刊工業新聞社の好評図書●

日本型第4次ものづくり産業革命

経営者よ、このままで生き残れるか

吉川良三 編著、日韓IT経営協会 著

定価(本体1,600円+税)　ISBN978-4-526-07432-5

中国やインドなど新興国が製造業における力を強めてきた。日本はコストだけでなく技術面でも敗北の危機に直面する。そうした中、日本の製造業が世界に挑むカギはIoT（モノのインターネット）だ。ビッグデータを活用し、ものづくりを変えていくIoTは少子高齢化の課題を解決する手段にもなる。ものづくり研究の第一人者が日本の進むべき道を説く。

エコ・リーディングカンパニー東芝の挑戦

環境戦略が経営を強くする

日刊工業新聞社 編

定価(本体2,000円+税)　ISBN978-4-526-07430-1

総合電機メーカーの一角を占める東芝は社長自らが先頭に立ち、超長期の環境目標を踏まえて経営に取り組んでいる。環境性能で業界トップを目指した製品開発をはじめ、さまざまな環境経営戦略を実行。日本を代表する「環境企業」としての地位を固めている。ここでは東芝の環境経営の軌跡を追うとともに、現在の環境戦略の全貌と将来の展望を解き明かす。

PM2.5危機の本質と対応

日本の環境技術が世界を救う

石川憲二 著

定価(本体1,500円+税)　ISBN978-4-526-07400-4

大気汚染の代名詞として近年注目されるPM2.5。最大の発生源と言われる中国で、政府はここへ来て本格的な環境対策を展開し始めた。またインドなど他の新興国でも同様な問題意識を持つまでになっている。集塵濾過やセンシング、排ガス対策、電気自動車開発など日本が誇る技術で市場を拓く機運が熟してきた。そうした新規ビジネスの動向を整理して示す。

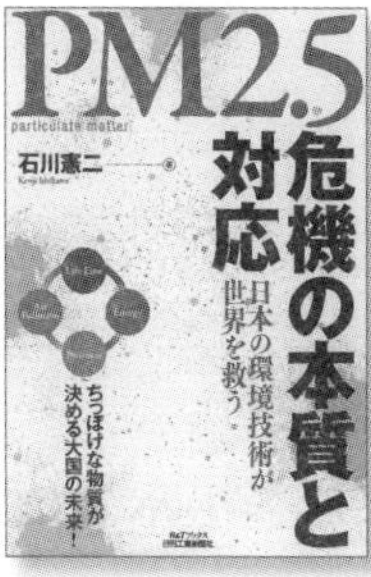